버리는 기쁨
다시 찾은 행복

버리는 기쁨
다시 찾은 행복

펴낸날 2024년 8월 21일 1판 1쇄

지은이 마스노 순묘
옮긴이 윤경희
펴낸이 이종일 강유균
편집위원 이라야
기획·홍보 김아름 김혜림
교정·교열 김정희
경영지원 이안순
디자인 바이텍스트
마케팅 신용천

펴낸곳 지니의서재
출판등록 1978년 5월 15일(제 13-19호)
주소 경기도 고양시 덕양구 청초로 66 덕은리버워크지산 B동 2007호~2009호
전화 (02)719-1424
팩스 (02)719-1404
이메일 genie3261@naver.com
홈페이지 www.readlead.kr

ISBN 979-11-986215-8-0 (03320)

* 지니의서재는 리드리드출판(주)의 출판브랜드입니다.
* 파본은 구입한 서점에서 교환해 드립니다.
* 책값은 뒤표지에 있습니다.

버리는 기쁨
다시 찾은 행복

마스노 슌묘의 인생 정리법

마스노 슌묘 지음 · 윤경희 옮김

지니의서재

이 책을 읽는 독자들에게

'선Zen; 禪'이라는 말은 이제 세계 어디서나 통용되는 국제어가 되었습니다. 저는 외국에 갈 때도 절에 있을 때처럼 승복을 입고 나갑니다. 그러면 공항이나 거리에서 제 모습을 유심히 보다가 "가라테를 하시는 분인가요?"라며 묻는 사람들이 종종 있습니다. 제가 "승려입니다"라고 하면 사람들은 금세 고개를 끄덕입니다. 어떤 때는 곧바로 승려냐고 물어보는 사람도 있습니다.

저에게 말을 걸어오는 사람 중에서도 서양 사람들이 선을 매우 흥미롭게 여기고 있음을 실감합니다. 특히 서양의 지식인들 사이에서 확실히 관심이 커지고 있는 것 같습니다.

그 이유를 생각해 보니 아마 그들이 근대 문명의 과도한 발전과 이에 따라 나타나는 많은 폐해, 예를 들어 전 지구적인 환경 문제와 급속한 정보화가 초래한 관리사회, 커뮤니케이션 과제같이 현대를 살아가는 우리가 직면한 많은 문제에 대해 지식인으로서 다시 들여다봐야 하는 위치에 있다는 것과 적지 않은 관계가 있지 않은가 싶습니다.

사람이 사람답게 존재하고 자연과 사람이 근본적으로 함께 사는 방법을 다시 찾아야 하는 이때, 그들은 '선' 사상에 주목하는 것이지요.

선의 특징은 '불립문자不立文字, 교외별전教外別伝, 직지인심直指人心, 견성성불見性成仏'로 집약할 수 있는데, 이는 문자나 말에 붙들리지 않고 지금 여기에 있는 내 마음 자체에 집중한다는 것입니다.

이 책을 읽는 여러분 중에는 체력을 키우고 싶어서, 멋진 몸매를 갖고 싶어서, 스트레스를 풀고 싶어서… 같은 다양한 이유로 조깅을 하거나 헬스클럽에서 열심히 운동을 하는 분들이 계실 것입니다. 이와 똑같이 마음에도 트레이닝이 필요합니다. 마음에 낀 비대한 체지방을 줄여 단단하게 힘을 채우고, 이를 꾸준히 유지해

매일 기분 좋게 지내기 위해서입니다.

그럼 어떻게 해야 하냐고요? 선을 수행하면 마음의 훈련이 됩니다. 우리는 매일 많은 유혹에 흔들립니다. 가랑비에 옷 젖는 줄 모른다는 말처럼 어느새 세상의 유행에 휩쓸리고 유혹과 함께 사는 일상이 되어 버렸습니다.

이 유혹은 우리 마음속에 단단히 자리 잡은 물욕을 자극합니다. 남들보다 멋진 차를 갖고 싶고, 큰 집을 갖고 싶고, 고급 브랜드 옷을 입고 싶은, 그야말로 무언가를 소유하고 싶어 하는 마음 말입니다.

게다가 남들이 부러워할 만한 생활을 하고 싶고, 지위가 높은 사람이 되고 싶고… 눈에 보이지 않는 것까지도 원합니다. 하나라도 현실이 되면 거기서 만족할 것 같지만 마치 유혹이 사람을 조종하는 게 아닌가 할 만큼 '더 가질 거야. 더 가질 거라고!'라는 마음이 계속해서 생겨납니다.

불교에서는 이렇게 가득 흘러넘치는 내 안의 욕심, 그 마음을 번뇌라 부릅니다. 또한 이런저런 다양한 유혹 안에 나를 꼼짝 못 하게 묶어 두고 있는 것도 번뇌이고요. 한마디로, 자신의 번뇌가 빙글빙글 돌고 돌아 자신을 고통스럽게 하는 것입니다.

원래 모든 사람은 부처님처럼 자기중심에 구름 한 점 없는 맑은 마음을 갖고 있습니다. 그런데 아욕我慾과 자아自我가 두꺼운 군살이 되어 원래 갖고 있던 아름다운 마음을 덮고 감추었습니다. 맑은 마음이던 자기 존재가 가려진 것입니다. 티끌 하나 없는 거울같이 맑은 마음. 즉 '본래의 자기'와 다시 재회하기 위해 우리는 모든 속박에서 자유로워져야 합니다.

물론 세상을 살다 보면 마음에 어느 정도 군살이 붙을 수밖에 없습니다. 이 군살을 조금이라도 줄여서 깊숙이 감춰져 있던 본래의 맑은 마음을 찾아 꺼내고자 하는 것이 바로 '선'의 수행이고, 꺼낸 마음을 일상생활에서 생생하게 살리는 것이 '선'의 가르침입니다.

이 책의 주제는 '버린다'와 '멀어진다'입니다. 1부와 2부에서는 제가 생각하는, 버리거나 멀어져야 좋은 것들을 소개하고, 3부에서는 행복의 길잡이가 되어 현대 사회를 어떻게 살아가야 좋을지에 대해 '선'의 가르침을 바탕으로 알려 드리려고 합니다.

감사하게도 이 책을 읽고 계시는 여러분은 나이, 경험 그리고 생활 환경까지 무척 다양할 것입니다. 제가 여기서 말씀드릴 '버리는 것'과 '멀어지는 것', 그리고 '행복의 길잡이'는 세상에 많이 존재하는 마음 트레이닝 중의 하나입니다. 그러니 이 책을 첫걸음 삼아 부디 여러분 스스로 맑은 마음과 재회하기 위해 버리는 것과 멀어지는 것을 생활 속에서 실제로 실천해 보면 좋겠습니다.

'선'에서 말하는 무심無心은 마음을 없애 버린다는 뜻이 아니라 마음을 어디에도 두지 않는다는 의미입니다. 즉 어디에도 집착하지 않아서 자유자재로 있을 수 있는 마음입니다. 이런 마음으로 하루하루를 보낼 수 있게 되면 세상도 크게 달라 보일 것입니다.

모든 사람은 태어난 순간부터 죽음을 향해 걸음을 옮깁니다. 지위나 명예가 있건 없건 돈이 많건 적건 누구나 노화와 길동무가 되어 죽음이라는 최종 지점을 향하고 있습니다. 이것이 이 세상의 진리라면, 가능한 청명하고 맑은 마음으로 세상을 바라보며 기분 좋게 인생길을 걸어야 하지 않겠습니까? '선'의 가르침이 그 길의 안내자가 되어 여러분에게 조금이라도 도움이 된다면 그보다 더 큰 기쁨은 없을 것 같습니다.

이 책을 읽는 여러분이 지극히 자유로운 마음으로 인생길을 한 발 한 발 걸어가기를 진심으로 염원합니다.

2월의 좋은 날, 겐코지建功寺에서 주지승

두 손 모아 합장

마스노 슌묘

차례

2부 두려워하지 말고 '멀어진다'

3부 행복의 길잡이

제1부

격정하지 말고 '버린다'

기쁘게 버린다

見機而作

견기이작

기회를 살펴 완수하다

뜻한 바를 이루려면 타이밍을 놓치지 말아야 한다.

결심했다면 실천하라.

좋은 마음으로 버린 것은 좋은 것으로 다시 돌아온다

'신변정리'라는 말에 왠지 모를 애잔함을 느끼는 사람이 적지 않은 듯합니다. 말로는 '정리'라 해도 심정적으로는 '버리다'와 동일하게 여기기 때문이겠지요. 오랜 시간과 많은 노력을 기울여서 내 것으로 만든 것들이다 보니 마치 나의 역사까지 버리는 것처럼 안타까운 마음이 드는 것인데, 이는 지극히 당연합니다.

그럼 버리지 말고 그냥 둘까, 어디에 둘까 하며 집 안을 둘러보다 보면 여기저기 물건들이 넘치도록 많아서 마치 물건들에 집이 점령되어 있는 것 같습니다. 그러면서도 '이 장식품은 친하게 지냈던 ○○씨가 선물해 준 거고, 이 비싼 가방은 승진 기념으로 내가 나에게 선물한 건데 어떻게 버려….' 이러다가 결국 정리를 하지 못합니다. 그러니 물건들의 존재감에 압도되어 내 집인데도 남의

집에 얹혀 사는 것처럼 불편하게 지내게 되는 것이지요. 이런 분이 생각보다 많습니다.

그런데 말입니다. 새해 소원을 빌러 절에 갔을 때 여러분은 어떤 식으로 불전함에 시주합니까? 불전을 조용히 살짝 넣는 사람도 있고, 툭 하고 던져 넣는 사람도 있을 텐데요. 불전은 넣는 올바른 방법은 당당하고 씩씩하게 던져 넣는 것입니다.

시주를 '희사喜捨'라고도 하는데, 글자 그대로 기쁘게 버린다는 뜻입니다. 그러므로 조용히 넣는 것은 손이 불전과 멀어지는 걸 주저하는 몸짓이며, 아까워하는 마음이 겉으로 드러난 것이라 여겼습니다. 이 아까워하는 마음이 바로 '집착'입니다. 집착을 딱 끊어내기 위해 불전을 툭 던져 넣어야 합니다. 그래서 기쁘게 버린다고 하는 것입니다

이는 불전에만 해당하는 이야기가 아닙니다. 나이가 들수록 젊었을 때 산 옷이 안 어울리고 어색해 보였던 경험이 여러분에게도 있을 텐데요. 몇 년 동안 입지는 않았지만 꽤 비싸게 주고 산 옷이라고, 마음에 쏙 들었던 옷이라고 위로하며 가지고 있는 옷이 누구에게나 한두 벌은 있을 것입니다.

일전에 만났던 여성분도 그랬습니다. 앞으로 입을 것 같진 않지만 어쩐지 아까워서 정리하지 못하고 있던 원피스가 있었다고 말입니다. 그런데 어느 순간 결심을 하고 자기보다 젊은 지인에게

"혹시, 입을래요…?" 하며 주었는데, 며칠 후 그 지인한테 메신저로 톡이 왔대요. 거기에는 '예쁘게 입을게요! 감사합니다'라는 글과 함께 원피스를 입고 한껏 웃으며 포즈를 취한 사진까지 있더랍니다. 그 사진을 보자마자 아까워했던 마음이 싹 사라지고 그렇게 행복한 마음이 들더래요.

옷장 안에 방치되어 있을 때 그 원피스는 살아 있지 못했습니다. 죽은 것과 마찬가지였습니다. 그러나 다른 사람에게 가서 쓰였기에 다시 생명을 얻었습니다. 그래서 내 손에서 떠나 보냈지만 무척이나 기쁜 마음이 듭니다. 웃는 얼굴로 감사하다는 말까지 들으니 내 얼굴에도 미소가 저절로 피어납니다. 기쁘게 버린 것은 이처럼 돌고 돌아 나에게 다른 모습의 기쁨으로 돌아옵니다. 그러니 더 이상 쓰지 않는 것이 있다면 조금씩이라도 '기쁘게 버려' 보면 어떨까요. 집 안이 말끔히 정리될 뿐만 아니라 나에게 정말로 필요한 게 보일 것입니다.

'예스Yes'를 버린다,
'노No'도 버린다

道無古今
도무고금

도의 길에는 옛날과 오늘이 따로 없다

사람이 배우고 이를 실행해 나가는 길은
예전과 오늘날이 다르지 않다.
시대와 장소에 따라 사물은 변하지만
근본적인 진리는 변하지 않는다.

흑백을 붙이지 않는다

유일신을 섬기는 종교들, 그러니까 크리스트교와 이슬람교에서는 백白인지 흑黑인지, 예스Yes인지 노No인지를 확실히 하는 것이 바람직하다고 여깁니다. 중간이 없습니다. 악플을 무릅쓰고 말합니다만, 그래서 전쟁이 끊이지 않습니다.

그런데 불교는 오른쪽으로도 왼쪽으로도 기울어지지 않고 양쪽의 의견을 절충해서 올바른 길로 나아가자는 생각을 합니다. 이것을 불교에서는 '중도' 또는 '중용'이라고 합니다.

일본에서는 오랫동안 불교를 믿었습니다. 그래서인지 서양 사람들 눈에는 일본인이 우유부단하게 비치기도 합니다. 자기 의견 없이 이쪽으로 기울고 저쪽으로 기운다며 '노No라고 하지 못하는 일본인'이라며 야유하거나 '다시 검토하겠습니다' 같은 대답만 반복한다며 핀잔을 주기도 합니다.

물론 상황에 따라 '예스, 노'로 확실히 말해야만 할 때도 있습니다. 하지만 '노'라고 하지 못하는 일본인이기 때문에 비로소 할 수 있는 일도 있습니다. 상대를 무조건 거부하고 부정하는 양쪽이 절충점을 찾을 수 있도록 방향을 제시하거나 새로운 아이디어를 제안하는 일 같은 것 말입니다.

유일신 종교의 사고방식으로 비즈니스 세계를 바라보면 이기는 쪽과 지는 쪽밖에 없습니다. 한때는 이기는 쪽에 들어가기만 하면 된다는 인식이 전 세계에 팽배하기도 했습니다. 그러다 사람들은 이기는 쪽이 있으면 어딘가에는 반드시 지는 쪽도 있음을 깨달았습니다. 덕분에 '윈윈win-win'이란 말을 자주 듣게 된 것 같은데요. 이 윈윈이야말로 불교의 사고방식입니다.

사람들은 중도中道의 의미를 자주 오해하는데, 자기 의견 없이 '아무래도 괜찮아'라는 것은 결코 중도가 아닙니다. 상대가 잘되어야 내가 잘된다. 이것이 중도의 태도이며 불교의 생각입니다.

하지만 참으로 안타깝게도 요즘은 긍정적인 의미로 '너도 좋고 나도 좋다'가 통용되지 않는 사회가 된 것 같습니다. 이 배경에는 극단적으로 정보화된 사회에 어느 정도 책임이 있다고 봅니다. 손에 든 스마트폰을 통해 사회에서 일어나는 이런저런 일들이 백일하에 드러나기 때문에 흑백을 붙이기 쉬운, 아니 흑백을 붙이고 싶어 하는 세상이 된 듯합니다.

이러한 이원화는 결국 단절을 부릅니다. 한번 끊어진 관계를 예전처럼 가깝게 만들려면 엄청난 에너지와 시간이 필요합니다. 다른 나라에서 들려 오는 참혹한 전쟁 뉴스를 보면 여러분도 이 말의 의미를 알 수 있으리라 생각합니다

흑인가 백인가, 예스인가 노인가. 잠시라도 이 양극을 버리고 내 앞에 있는 사람, 내가 경험하고 있는 것들을 아무 편견 없는 시선으로 다시 봅시다. '중도'는 여러분의 인생을 지금보다 훨씬 평안하게 해 줄 것입니다.

과도한 마음의 체지방을 버린다

無念無想 무념무상

일체의 생각에서 벗어난 상태이다

나를 꽁꽁 묶어 매고 있는 자아와 집착
그리고 망상에서 멀어져라.
그래야 생각이 열린다.

많다고 좋은 것은 아니다

사회 환경의 변화와 식생활의 서구화로 비만에 시달리는 사람이 늘고 있습니다. 비만은 당뇨병, 고혈압, 심혈관 질환 같은 생활습관병을 비롯해 만병의 근원이 된다는 사실을 여러분도 잘 알고 계시겠지요.

일본의 후생노동성에 따르면 비만이란 체중이 많이 나가는 것뿐만 아니라 특히 체지방이 과잉 축적된 상태를 가리킵니다. 물론 체지방은 생명 유지와 활동에 꼭 필요합니다. 그런데 섭취한 열량이 소비한 열량보다 많아서 쓰고 남은 열량이 체지방으로 축적되면 비만이 되는 것이죠.

몸에 쌓이는 과도한 체지방처럼, 저는 마음에도 좋지 않은 것들이 과잉되어 쌓이고 우리에게 나쁜 영향을 미칠 수 있다고 생각합니다. 이런 현상을 저는 '마음의 대사증후군[1]'이라고 부릅니다. 먹고 싶은 음식을 마음껏 입에 가져가면 자연히 체지방이 과도하게 쌓이듯 우리는 하루하루를 살면서 나도 모르는 사이에 마음에도 과도한 체지방을 붙이고 있습니다. 물론 이것은 살아 있다는 증거이기도 합니다.

남아도는 마음의 체지방이란 무엇을 말하는 걸까요? 그것은 돈일 수도 있고 갖고 싶은 물건일 수도 있습니다. 또 가정에서의 역할, 사회, 조직에서 역할이나 업무일 수도 있습니다.

'선'에서는 본래 모든 사람은 티끌 한 점 없는 깨끗하고 맑은 마음을 갖고 있다고 생각합니다. 그런데 커 가면서 아까 말한 마음의 체지방이 맑고 깨끗한 마음에 딱 들러붙어서 우리의 마음을 얼룩지고 흐릿하게 만듭니다. 하나를 가지면 둘을, 둘을 가지면 셋을, 아홉을 가지면 하나를 추가해 열로 꽉 채우고자 무의식중에 '좀 더, 좀 더'를 갈망합니다. 이렇게 가다 보면 내 자제심이 점차 내 말을 듣지 않게 됩니다.

이 '좀 더, 좀 더' 하는 마음이 바로 나만을 위한 욕심인 아욕我慾이고 집착이며 망상입니다. 이런 마음 때문에 어떤 하나가 내 것이 되었음에도 좀 더 좋은 것을 바라고, 그래서 그것이 내 것이 되

---

1 대사증후군은 여러 가지 생활 습관병이 복합적으로 나타나는 몸의 현상이다.

어도 만족하지 않고 금세 그다음 것, 그보다 더 높은 것, 그보다 더 위의 것을 끝없이 갈망하고 욕심이 커집니다.

석가모니 부처님은 '히말라야 산을 황금으로 다 채워도 만족하지 않는다'며 '지족', 곧 충분함을 아는 것이 중요하다는 가르침을 주었습니다.

특히 인생 중반기가 되면 내가 갖고 있던 것, 내 손에 들어온 것을 놓지 않으려는 생각이 더 강해집니다. 그래서 이때까지 하던 대로 하고 살면 그 끝에 무엇이 있는지 아십니까? '마음의 대사증후군'이 기다리고 있습니다. 육체의 체지방은 검사나 수치로 잴 수 있지만 마음에 붙은 과도한 체지방은 눈에 보이지 않고 잴 수도 없기 때문에 더욱 위험합니다.

자아를 버린다

花無心招蝶
蝶無心尋花

화무심초접
접무심심화

꽃은 무심히 나비를 부르고, 나비는 무심히 꽃을 찾는다

꽃은 무심히 피어 나비를 부른다.
나비도 무심히 꽃을 찾아가 꿀을 먹는다.
양쪽 모두 무심하니 비로소 서로 연결된다.
이것이 대자연의 법칙이고 인연이다.

'나'를 뛰어넘은 힘 덕분에 살고 있다

상대가 잘되어야 내가 잘된다. 이것이 불교의 근본적인 생각입니다. 그런데 이를 방해하는 것이 있습니다. 바로 '자아自我'입니다. 자아란 '내가, 내가', '나만이, 나만이'라는 생각입니다. '선'의 수행은 자아 버리기를 향해 있습니다.

그런데 자아는 정말 골칫거리입니다. 자아를 버리는 것도 힘들지만, 완벽하게 버리는 것은 엄청난 수행을 통해 겨우 도달할까 말까 하는 그런 경지입니다. 그럼에도 저는 여러분이 자아 버리기를 지향하며 살면 좋겠습니다. 자신이 자아로 똘똘 뭉쳤음을 알아채고, 자아와 대척점이 있는 '무아無我'를 향해 나아가고자 지금의 삶의 방식을 바꾸려 노력하는 나날을 보내길 기원합니다.

무아를 글자 그대로 풀이 하면 '내가 없음'이지만 '내가 존재하지 않는다'는 의미는 아닙니다. '나는 다른 누구에게도 신세 지지 않고 내 힘만으로 산다'고 여기는 것이 자아自我입니다. 마치 독불장군 같지요.

반면 '나는 주변과의 관계성 안에 존재하며 그들 덕분에 살고 있다'고 깨닫는 것이 무아입니다. 무아를 불교에서는 '제법무상諸法無我'이라 합니다. 예를 들면 심장과 위장, 소장과 대장은 내 의지로 일하게 하거나 멈추게 할 수 없습니다. 호흡도 스위치처럼 껐다가 켤 수 없습니다. 우리가 잠을 자고 있어도 심장은 스스로 자기 일을 합니다. 음식이 들어가면 누가 부탁하거나 명령하지 않아도 위와 장이 자기 일을 합니다. 그렇기에 우리는 우리 의지와 상관없이 '살고 있는' 것이지요.

이처럼 우리가 살 수 있는 것은 나 자신을 뛰어넘은 힘 덕분입니다. 나 자신을 뛰어넘는 또 다른 나를 불성佛性이라 하고, 부처라고도 하며, 본래의 자기라고도 합니다. 거기에는 '내가, 내가'라거나 '나만, 나만'이라는 자아가 전혀 없습니다. 자연의 섭리에 따라, 도리를 따라 움직일 뿐입니다.

나 혼자의 힘만으로 우리는 아무것도 할 수 없습니다. 엄청나게 성공한 대기업의 사장도, 막대한 부를 쌓은 대부호도, 꽃밭 사이를 살랑살랑 날아다니는 저 나비도, 나비에게 꿀을 주는 꽃도 모두 그러합니다. 혼자서는 생명을 유지하는 게 불가능합니다.

삶의 방식은 이처럼 지극히 단순한 사실을 깨달았는가 아닌가에 따라 크게 달라집니다. 지식으로 아는 것과 진정으로 깨달은 것 사이에는 하늘과 땅만큼의 거리가 있습니다. 인간은 지식을 얻으면 그걸로 됐다며 다 아는 듯이 구는 생명체입니다. 그러나 '선'에서는 머리로 안 것을 몸을 통해 하나씩 체득해야 한다고 보며, 행동을 갈고 닦는다 해서 '수행修行', 불도를 닦는다 해서 '수행修行'이라 합니다.

지식으로만 아는 것은 학문입니다. 그러니 이 책에서 말씀드리는 것도 그저 지식으로 끝내지 말고 하나씩 실천해 몸으로 알아채고 깊이 깨달으면 좋겠습니다.

모서리를 버린다

一溪流水繞青山

일계유수요청산

한 줄기의 계곡물이 푸른 산을 감고 흐른다

한 줄기의 계곡물이 청산을 감으며 유유히 흘러간다.
그 자체가 세상 진리의 표현이고, 깨달음의 경지다.

얼음이 녹으면 어떤 모양이든 될 수 있다

'물은 네모와 동그라미를 따른다'라는 말이 있습니다. 그릇이 어떤 모양이든 물은 그 형태를 받아들여 온전히 담긴다는 뜻입니다. 이처럼 사람도 교우 관계와 환경에 따라 다른 모습이 되기 쉽습니다.

하지만 물이 얼음이 되면 그렇지 않습니다. 사각형 얼음을 둥근 그릇에 넣으려 한다면 어떻게 될까요? 사각의 모서리가 그릇 벽에 부딪혀 들어가지 않을 것입니다.

사람도 이와 같아 사물에 너무 집착하면 마음에 뾰족한 모서리가 생겨서 원래의 그릇을 따를 수 없게 됩니다. 이쪽에 부딪히고 저쪽에 부딪히고… 갈등과 불화가 생기면서 점점 소모되다가 결국 날카로운 모서리가 생기고 맙니다. 이 날카로운 모서리가 바로

'아我[2]'입니다.

그런데 얼음이 녹으면 어떻게 되나요? 다시 물이 됩니다. 사람도 그렇습니다. 물론 완전히 얼어 버리기 전에 나한테 모서리가 생기고 있는 것은 아닌지 하루하루를 돌아볼 수 있으면 더 좋겠지만, '내가 얼음이 되었고 모서리까지 생겼구나'라는 생각이 든다면 마음에 과도하게 들러붙은 체지방을 떼어 버리고 움켜쥐고 있던 자아를 내려놓으며 조금씩 모서리를 녹여 나가면 되는 겁니다. '얼어 버렸으니 이젠 망했어!' 이런 게 아니라는 뜻입니다.

요즘 세상은 얼음과 얼음이 엄청난 소리를 내며 부딪치고 있는 것 같습니다. 세계 여러 나라의 정치도, 오늘날을 살아가는 사람들도, 저마다 모서리를 부딪치고 있기 때문에 갈등과 다툼이 끊이지 않습니다.

그러나 물처럼 원래의 상태, 즉 부드러운 마음을 유지한다면 어떤 상황에도 잘 대처할 수 있습니다. '나'라는 본분도 잊지 않을 수 있고요. '선'의 가르침에 '수水(물)'이나 자유자재로 모습을 바꾸는 '운雲(구름)'이 들어간 말이 많은 것은 이 때문입니다.

2 온갖 사물의 근원에 있으면서 개체를 지배하고 통일하는 영원의 주체를 뜻한다.

행운유수行雲流水 다른 힘에 거스르지 않고 머무르지도 않고 움직이는, 유유자적한 모습으로 떠가는 구름과 흘러가는 물처럼 자연 그대로, 되어 가는 대로 자신을 내어 맡기고 행동하는 것이다.

백운유수청白雲流水清 흰 구름도 흐르는 물도 모두 다 무심이며, 어찌 되었든 흘러간 뒤에는 일절 흔적을 남기지 않는, 맑음과 깨끗함이 있다.

수적적水滴滴 한 방울의 물도 머지않아 큰 강이 되고 바다가 된다. 물방울도 큰 강도 다르지 않다.

예를 들자면 끝이 없지만 하나만 더 말하면, 일찍부터 '선'의 수도승을 '운수雲水'라고도 불렀습니다. 이들은 구름과 물처럼 한 장소에 머무르지 않고 스승을 찾아 길을 떠났습니다. 그리고 수행을 쌓으며 집착에 매이지 않고 살고자 했습니다.

'내가 어떤 것에 사로잡혀 있구나'라는 생각이 들면 흘러가는 물이나 하늘에 떠 있는 구름을 가만히 바라보는 시간을 가져 보세요. 자연은 우리의 위대한 스승입니다.

내 몸을 움직여서 버린다

一掃除二信心

일청소이신심

청소가 먼저고, 심신을 닦는 것은 그다음이다

신심에 뜻을 둔 사람은 우선 청소부터 한다고 할 만큼 '선'에서는 청소를 중요시한다.

청소를 하는 본래의 의미

앞에서도 말씀드렸듯이 '선'에서는 몸을 움직여 깨달음을 얻습니다. 그래서 선승은 매일 수행에 힘씁니다. 그런데 '선의 수행'이라 하면 주야장천 좌선만 하거나 온종일 쓸고 닦기만 하는, 힘들고 엄격한 모습이 떠오르면서 나는 절대로 못 할 일이라는 생각이 드나요?

그렇지 않습니다. 평소 생활 속에서 할 수 있는 수행도 참으로 많습니다. 그중에서도 제가 가장 먼저 권하고 싶은 것이 청소입니다. '선'에서는 '일청소이신심'이라는 말이 있는데 글자 그대로 '신심' 앞에 청소가 먼저 나옵니다. 그만큼 청소를 무척 중요하게 여기는데, 왜 그럴까요?

잠시 주위를 한번 둘러보세요. 그리고 방 한쪽 귀퉁이에 정신

없이 쌓여 있거나 방 바닥에 널브러져 있는 물건들을 정돈해 보세요. 먼지가 쌓인 선반을 물걸레질하고 신발장과 현관에 쌓인 흙먼지를 빗자루로 쓸어 담아 쓰레기통에 버려 보세요. 뭐라도 좋으니 일단 이 책을 덮고 하나만이라도 실행해 보십시오.

어떻습니까? 청소하기 전과 후, 마음가짐이 바뀌지 않았나요? 청소에는 공간을 깔끔하게 정돈할 뿐 아니라 내 마음까지 기분 좋게 바꾸는 효과가 있기 때문입니다. '선'에서 말하는 청소는 그저 눈에 보이는 것들을 정리하고 쓰레기를 없애는 것이 아니라 마음에 들러붙은 잡념이나 더러움을 닦아내는 어엿한 수행입니다. 그래서 '일청소이신심'인 것입니다. 방이 어질러져 있는 것은 마음이 어질러져 있기 때문이고, 현관에 신발이 가지런히 놓여 있는 것은 마음이 어그러지지 않고 차분하기 때문입니다.

청소에 이런 효과가 있다고 해서 다른 사람의 손을 빌린다면 아무 소용이 없습니다. 자기 몸을 움직여서 해야 비로소 마음에도 빛이 납니다. 만약 나이가 너무 많거나 몸이 좋지 않아서 직접 청소를 하기 어려운 경우라면 다른 사람의 도움을 받아야 할 수도 있습니다. 그렇다면 무리하지 않는 범위에서 함께 청소를 해 보세요. 재활 운동이라 여기며 살살 움직여 보는 겁니다.

'선'은 철학이라고도 불립니다. 철학은 '학學'이고, 학은 이론으로 증명할 수 있습니다. 우울증 등 여러 정신 질환을 앓고 있는 사람

중 대다수가 몸을 거의 움직이지 않는다고 합니다. 그런데 한번 생각해 볼까요? 100미터 달리기를 하는 동안에는 자신의 걱정과 불안을 생각할 틈이 없습니다. 나를 괴롭히는 생각들이 딱 멈춰집니다. 청소도 똑같습니다. 그러니 여기 찔끔, 저기 찔끔 하는 식으로 청소를 하면 안 됩니다. 눈앞에 있는 복도, 눈앞에 있는 선반, 뭐든 다 좋으니 그곳만을 바라보며 무심히 청소해 주세요.

자기 몸을 부지런히 움직여서 오랜만에 땀이 송골송골 맺힐 정도로 청소를 해 봅시다. 먼지와 지저분함을 치워 버리고 나면 마음도 반짝반짝 빛이 날 것입니다.

가짜 나를 버린다

放下着 방하착

모든 집착을 버린다

집착을 버린다는 것은 '버렸다는 생각도 버리는' 것이다.
인간에게는 욕심이 있어서 버린 것에 대해 계속 생각하게 될 수도 있으므로
이를 늘 마음에 새기고 있어야 한다.

꽉 쥔 손을 편다

버리려 해도 쉽게 버려지지 않는 것은 많습니다. 물건만 그런 것이 아닙니다. 은퇴를 한 사람이 '○○사의 상무였습니다'라든가 '○○사의 중역이었습니다'라며, 묻지도 않았는데 당장이라도 말하고 싶어서 입술이 달싹거리는 경우도 마찬가지입니다.

혹시 여러분도 지위를 알리고 싶다는 생각을 한 적 있습니까? 그런데 직분이나 직위 같은 것은 한때의 모습, 그러니까 가짜에 불과합니다. 가짜 모습에 너무 취해 버리면 설령 어느 순간 정신을 차리더라도 평생 가짜 모습이 진짜 모습인 척 살아야 할지도 모릅니다. 한마디로, 가짜로 살아야 한다는 뜻입니다.

선종의 진수를 담은 경전인 《쇼보겐죠正法眼藏》 제1권 '벤도와弁道話'에는 '놓으면 손에 가득 찬다'라는 말이 나옵니다. 이는 일본 가마

쿠라 중기의 선승이자 일본 조동종曹洞宗[3]의 시조인 도겐道元 선사의 말씀으로, 손을 꽉 쥐고 있을 때는 다른 것을 잡을 수 없지만 그 손을 펴면 그다음에 있는 다른 새로운 것을 붙잡을 수 있다는 의미입니다.

우리는 손이 천 개나 있다는 천수관음이 아닙니다. 뭐 하나를 꽉 쥐고 있으면 다른 것을 쥘 수가 없습니다. 어려운 이야기가 아니니 누구든 쉽게 수긍할 것입니다.

하지만 실제는 어떤가요? 나 자신을 돌이켜 보세요. 어떻게 하고 있나요? 지금까지 내 것이었으니 절대 놓을 수 없다며 더 꽉 쥐고 있지는 않습니까?

'내가 이걸 놓을까 봐? 절대 못 놓는다.' 이런 생각이 작동하면 주변이 안 보이게 됩니다. 우리가 인간이기 때문입니다. 힘을 빼고 손을 펼쳐 보면 새로운 가능성과 기회가 얼마든지 굴러들어 오는데도 지금까지 쌓아온 직분과 지위를 앞으로도 계속 유지하고 싶다는 마음에 다른 것은 아무것도 생각할 수가 없게 됩니다.

그러나 이러한 가짜의 모습으로 살면 점점 스트레스가 쌓입니다. 주변 사람들은 이 가짜 모습을 본연의 모습이라 여길 테고, 본인은 주변의 기대에 부응하려 하지만 그렇지 못한 현실 사이에서

3 중국의 조동종에서 유래한 일본의 불교 종파이다.

지독하게 불편하고 괴로울 수밖에 없으니까요.

'선'은 자신을 오롯이 드러내고, 있는 그대로의 자신을 바라보는 것을 바람직하게 여기며 이것을 '로露(드러낼 로)'라는 말로 나타냅니다. 그러니 "나를 이렇게 봐 주세요!" 하고 외치는 갑옷을 벗어 버리고 본래의 자신을 찾아 돌아갑시다. 그 과정이 때로는 벌거벗고 바깥을 돌아다니는 것처럼 조마조마하고 창피하게 느껴질 수도 있겠지요. 그러나 본래의 자신으로 돌아가는 것이니 두려워할 필요가 전혀 없습니다.

지금까지 조직과 회사에 속해서 역할과 책임이라는 간판까지 등에 지고 살아온 분들에게 은퇴는 큰 기회입니다. 꽉 쥐고 있던 손을 가볍게 풀고 무거운 간판일랑은 내려놓은 채 새로운 인생을 마음껏 즐기면 좋겠습니다.

소속을
버린다

一念忘機
일념망기

하나의 생각을 잠시 잊는다

무익한 생각을 버리는 것이 중요하다.
그래야 비로소 '진짜 나'로 태어날 수 있다.

큰 우산에서 작은 우산으로 바꿔 쓴다

조직이라는 커다란 우산 아래에 있으면 숨이 막힐 때도 있지만 동시에 안도감을 느낍니다. 우산이 있으니 강력한 비바람을 바로 맞을 일은 없기 때문입니다.

회사에 다니는 사람들이 제게 "은퇴를 하면 할 일이 없을 것 같아서 불안하다"라고 말할 때가 있습니다. 이런 불안은 노년의 경제적인 걱정 때문이기도 하지만 일을 하지 않고 돈을 벌지 않으면 쓸모없는 인간이 되는 것 같다며 스스로가 자신의 존재를 부정적으로 보기 때문인 것 같기도 합니다.

실제로 커리어와 취업 등에 대한 현상을 조사하는 일본의 잡총연job總硏이 전국의 회사원 남녀 20~50대 565명을 대상으로 '2022년 정년퇴직에 관한 조사'를 한 결과, 이들 중 75.6%가 정년 후 생활에 대해 '불안하다'고 대답했습니다. 이는 대부분의 사람이 회사라는 우산을 의식적으로나 무의식적으로 든든하게 여기고 있으며, 언젠가는 확실히 다가올 '은퇴'라는 인생의 한고비를 불안해한다는 뜻입니다.

업무와 역할을 수행하고 회사에서 보수를 받아 온 여러분, 마침내 임무를 완수했습니다. 또 자녀를 키우고 가족들의 식사를 챙기는 등 집안일을 책임진 여러분도 대단히 수고가 많았습니다. 모두 훌륭합니다. 그 세월 동안 몸에 익힌 기술과 지식, 자세는 여러분에게 그대로 녹아 있습니다. 회사에서 나오고 조직이라는 우산이 없어져도 이런 자산은 결코 사라지지 않습니다. 자녀가 독립한 경우도 마찬가지입니다. 그 자산을 살리면서 세상에 도움이 되는 일은 없을지를 생각해 주십시오.

'보시'라는 말을 여러분도 잘 알고 있을 것입니다. 이 보시에는 재시財施, 법시法施, 무량시無量施가 있습니다.

재시는 돈, 재물을 베푸는 것입니다. 법시는 저와 같은 승려가 삶의 방식과 진리에 대한 부처님의 가르침을 전하는 것입니다. 그리고 무량시는 돈이나 말씀이 아니더라도 할 수 있는 보시를 말합니다. 무량시에는 '상좌시床座施'라는 것이 있는데, 이야기를 하나 해 보겠습니다.

사람들이 강을 건너려고 나룻배에 앉아 출발을 기다리고 있었습니다. 배에는 이미 사람이 많고, 자리가 없어 보입니다. 그런데 뒤늦게 배에 타고 싶어 하는 사람이 나타났습니다. 사람들은 모두 조금씩 옆으로 움직여 자리를 만들었고, 다행히 마지막에 나타난 사람도 타고 갈 수 있었습니다.

이 이야기가 말하는 것은 무엇일까요? 한마디로, 모두가 조금씩 양보하자는 뜻입니다. '내가 어떻게 이 자리에 왔는데 부장 자리를 넘겨줘!'라며 꽉 붙들고 늘어질 것인가 아니면 '자, 이쪽으로 오십시오' 하며 양보할 것인가를 결정해야 할 순간에 자리를 양보하는 것도 '상좌시'입니다.

걱정하고 전전긍긍하다가 은퇴를 맞을 게 아니라 새로운 나의 이야기를 시작하기 위한 출발점으로 삼으면 선물 같은 커다란 기회가 됩니다. 앞에서 잡총연의 발표를 통해 은퇴를 불안하게 여기는 사람이 얼마나 많은지 말씀드렸는데, 그때까지의 시간을 불안해하며 흘려보내지 말고 미래를 준비하고 계획을 세우며 보내는 것이 어떨까요.

그렇다면 어떻게 계획을 세울 것인가. 자신의 어린 시절을 떠올려 보십시오. 작은 꼬마였던 때를 말입니다. 당신은 어떤 아이였습니까? 그리고 어떤 젊은이였지요? 그때의 꿈은 무엇이었습니까? 정말로 하고 싶었던 것은요?

이렇게 과거의 자신을 생각을 하다 보면 지금이기 때문에 비로소 가능한 일들을 발견할지도 모릅니다. 또한 서랍 속 깊숙이 넣어둔 채 잊고 있던 소중한 상자를 발견할 수도 있습니다. 느닷없이 열리는 그 상자 안에는 가면을 쓴 가짜 내가 아닌, 본래의 나 자신이, 그리고 정말로 하고 싶어 했던 일들이 담겨 있을지도 모릅니다.

마이너스도 플러스로 바뀔 수 있다

'은퇴를 했으니 여기서 나가야 해. 아, 정말 비참하구나' 하며 어깨 떨구고 물러나는 것과 '오, 지금까지 못 했던 것들을 할 수 있는 때가 드디어 코앞이구나!' 하며 기대에 차서 나가는 것 중에 어떤 쪽을 선택하겠습니까? 이 선택에 따라 당장 내일부터의 생활이 180도로 달라집니다. 마음이 바뀌면 행동은 저절로 바뀌는 법이니 과연 내가 뭘 할 수 있을까 걱정하지 않아도 됩니다.

인생 100세 시대라는 말도 있듯이 요즘은 수명이 부쩍 늘어났습니다. 그래서 은퇴나 정년 퇴직을 하고 난 뒤 세상을 떠날 때까지의 시간이 상당히 깁니다.

이런 말씀을 드리면 "몇 살부터 다음 인생을 준비하면 될까요?"라는 질문이 날아옵니다. 물론 사람에 따라 다르겠지만 최소 5년 전부터는 이런저런 것들을 해 보라고 저는 권합니다. 뭘 하면 좋을지 평소에 유심히 알아보다가 회사에 가지 않는 날에 그것들을 하나씩 해 보는 겁니다. 그러다 보면 생각과 다르고, 본인에게 맞지 않는 것들도 나올 것입니다. 그렇더라도 5년이나 있으니 나에게 맞는 것, 할 때마다 재미있고 즐거운 것, 어릴 적 꿈과도 상당히 가까운 것을 찾을 시간은 충분합니다.

그렇게 여러 가지를 시도해 보면서 나에게 맞는 것을 찾으면 커다란 우산을 버리는 것이 두렵지도 않고 슬프지도 않고 아무렇지도 않게 됩니다. 그러고서 우산을 버리면 그날이 '진짜 나'로 새로운 시작을 하는 첫날입니다.

체면을 버린다

深知今日事

심지금일사

오늘을 살고 있음을 깊이 알다

이는 《벽암록碧巖錄》[4]에서 바조도일馬祖道一[5]이
백장회해百丈懷海[6]에게 한 말로
오늘, 이곳, 눈앞의 진리를 깊이 깨달았다는 뜻이며
자기 눈앞에 있는 것을 제대로 바라보기 위해
온 힘을 다하는 것이 중요하다는 가르침이다.

한 걸음을 내디뎌 본다

'냉난자지冷暖自知'라는 선어禪語가 있습니다. 그 액체가 차가운지 따뜻한지는 손을 넣어 봐야 안다는 의미입니다. 다르게 말하면, 손을 넣어 보지 않으면 알 수 없다는 뜻입니다. 즉 관심이 가는 활동이나 단체, 하고 싶은 운동이나 공부라도 직접 경험해 보지 않으면 아무것도 알 수 없다는 말입니다.

이런 사실을 이미 알고 있는 사람도 나이가 들어 새로운 것에 도전해야 하는 때가 되면 마치 눈앞에 높다란 허들이 가로막고 있는 듯 막막해하고 버거워합니다. '실패하면 어쩌지? 나랑 잘 맞을까?

---

4 중국 불교 경전으로 선종의 어록이다.
5 6 중국 당나라 때의 선승이다.

아는 사람이 한 명도 없는데, 어떻게 간담? 나가려면 씻어야 하는데…'라며 안 좋은 점들만 생각하다 끝내 아무것도 하지 못한 채 그 자리에 머물기도 합니다.

오래 살았으니 그만큼 내 입장이라는 것도 있고 주변 시선이 신경 쓰일 수도 있습니다. 충분히 이해합니다. 그렇지만 앞에서 말씀드린 '로露'를 다시 한번 떠올려 주십시오. 해 봤는데 본인에게 무리인 것 같고, 안 맞는다 싶으면 그때 그냥 심플하게 '이건 아니네!' 라고 해 버리면 됩니다.

그런데도 우리는 이 한마디를 그렇게 못 합니다. ○○의 소개로 왔으니 서로의 낯을 봐서 꾹 참고 다니고, 중간에라도 그만두면 끈기가 없다는 소리를 들을까 봐 억지로 지속하기도 합니다. 기껏 커다란 우산에서 탈출하고도 괴로운 공간에서 고통스러운 시간을 보내는 것입니다.

정말로 아깝고 안타깝기 그지없습니다. 단지 '액체의 온도'가 나에게 맞지 않는 것뿐입니다. 정말입니다. 내 의지로 손을 넣어 봤는데 나와 맞지 않는다면 내 의지로 손을 빼면 됩니다. 뭐가 문제인가요?

그게 뭐가 됐든 재미있어 보이고, 한번 해 보고 싶은 마음이 든다면 입장, 체면 따위는 싹 날려 버리세요. 주저하지 말고 한 걸음

내디뎌 보세요. 주변 사람들도 당신의 그런 모습을 정말로 멋지다 고 생각할 겁니다.

좋은 사람이고 싶은 마음을 버린다

主人公 주인공

중심인물

'선'에서 말하는 '주인공'은 누구나 본래 갖고 있는 불성佛性으로,

부처가 될 수 있는 성질, 즉 불심을 말한다.

'본래의 자기', '자기의 본분', '본래의 면목'도 같은 표현이다.

본래의 자기 자신을 잃지 않는 것이 중요하다.

공감할 수 있는 부분은 반드시 있다

사람은 누구든 '좋은 사람'으로 보이길 바랍니다. 사람들의 고민 대부분이 인간관계에 관한 것이라는 말처럼 우리는 주변 사람들과 관계를 좋게 유지하고 싶어 합니다. 그런데 그렇게 하려다 보면 상대의 가치관에 나를 맞춰야 할 때가 많습니다. 그러나 다른 사람의 기분과 감정에 지나치게 얽매이게 되면 내 마음은 점점 불편해지고 맙니다.

A와 만나면 "A씨 말씀이 백 번 맞습니다"라고 하고, B와 만나면 "B씨 의견에 찬성합니다"라고 하고… 이렇게 열 명과 만난다면 열 개의 내가 만들어질 텐데, 그럼 본래의 나는 어디에 있을까요?

이렇게 하는 이유는 '좋은 사람이고 싶다. 모두의 마음에 드는 사람이고 싶다'는 생각이 무의식중에 있기 때문입니다. 그러나 사람은 누구나 구름 한 점 없는 맑은 마음을 갖고 있으므로 '좋은 사람이고 싶다'고 생각할 필요가 전혀 없습니다.

그런데 "정말 그러네, 네 말이 맞아"라고 거짓이라도 이렇게 하지 않으면 대화 자체가 이루어지지 않는데 어쩌라는 거냐며 의문을 갖는 사람도 있을 것입니다. 그렇다면 말하는 순서를 바꿔 보세요.

① 저는 의견이 좀 다릅니다. A씨가 말씀하신 □□에 관해서 저는 ○○라고 생각해요. △△라는 부분은 공감합니다.
② A씨가 말씀하신 △△라는 부분에 공감합니다. 그렇지만 □□에 관해서는 의견이 좀 다릅니다. 제 생각에는 □□라기보다 ○○ 같아요.

그저 말하는 순서만 바꾸었을 뿐인데 상대가 느끼는 감정은 크게 달라집니다. ②처럼 공감 가는 부분이 있다는 말을 먼저 하면 상대는 자신의 의견이 받아들여지고 있다고 여기고 마음을 엽니다. 자신이 부정당했다고 느끼지 않으니 서로 의견이 갈리는 부분을 듣고도 적극적으로 경청합니다.

요즘은 현실에서나 SNS에서나 100% 내 편 아니면 100% 적인 것 같습니다. 한쪽으로 쏠려 있어요. 하지만 의견이 100% 다른 경우는 거의 없습니다. 정반대인 듯 보여도 실제로 다른 부분은 70~80% 정도입니다. 즉 20~30%는 공감할 수 있는 부분이 반드시 있다는 것이죠.

그러므로 어떤 자리든 상대가 누구든 대화를 할 때 가장 먼저 할 일은 마음을 열고 상대에게서 공감할 수 있는 부분을 찾아보는 것입니다. 이것은 상대의 가치관에 억지로 맞추는 것과는 전혀 다릅니다. 서로에게 마음을 열고 의견을 주고받는다면 '회복 불가능한 완전 결렬' 같은 상황은 일어나지 않습니다. 다른 사람에게 억지로 맞추지 않아도 얼마든지 대화가 가능합니다. 가짜 '좋은 사람'으로 살지 않아도 사회생활을 유지할 수 있고 인간관계를 해치지 않을 수 있다는 뜻입니다.

'쉬운 사람'인 나를 버린다

求明須勝己

구명수승기

친구를 사귀려면 모름지기 나보다 나은 사람을 사귀어야 한다

친구를 사귈 때는 나보다 뛰어난 사람을 찾아라.
같은 수준이면 발전이 없다.
친구가 나보다 나은 사람이면 감화될 테고,
자연히 그의 덕이 내게 스밀 것이다.

나다울 수 있는 인간관계

가짜 '좋은 사람'을 버릴 수 있게 되면 그다음에는 부디 '쉬운 사람'인 나를 버려 주십시오. 사회생활을 하다 보면 신년회, 송년회, 기념회, 축하 모임 등 이런저런 자리에 불려 갈 일이 많습니다.

그런데 잠시 생각해 볼까요. "이 사람은 부르기만 하면 무조건 와. 머릿수 채우는 데는 딱이야!"라고 할 때 혹시 내가 '이 사람'에 해당되지는 않나요? 거절을 못 하는 '호구' 말입니다. 이런 사람이 되어서는 안 됩니다.

듣기 거북할지 모르지만 주변을 보면 이런 관계에 칭칭 매여 있는 사람이 적지 않은 것 같습니다. 어쩌면 '이렇게 불러 대니 내 인기가 아직 여전하네'라고 좋아하는 사람도 있을 것입니다. 아니면 '저 사람과 계속 만나다 보면 일자리를 소개받을지도 몰라. 아니면 수지맞는 프로젝트에 낄 수 있을지도 모르고.' 이런 속셈으로 불려 다니고 있는지도요.

하지만 이런 계산이 들어간 만남은 사람을 피폐하게 만듭니다. 생각해 보십시오. 접대 자리에서 진심으로 즐거워하는 사람을 본 적이 있습니까? 물론 업무 때문에 만나는 사이라도 사심 없이 대화할 수 있는 상대가 있을 수 있습니다.

툭 터놓고 말할 수 있는 사람, 어깨에 힘주지 않고 대화할 수 있는 사람만 남기고 인간관계를 정리하면 마음이 한결 가벼워집니다. 그런데 정리를 한다고 해서 단칼에 끝낼 필요는 없습니다. 아니, 오히려 그렇게 하면 안 됩니다.

초대를 받았을 때 가고 싶지 않다거나 다른 용무가 있다면 그저 "이런! 상황이 안 되네. 미안해"라고 말하면 됩니다. 그런 일이 두어 번 있고 나면 '이 사람은 바쁘던데, 오라고 해도 못 올지 몰라…'가 됩니다. 그렇게 자연스럽게 적당한 거리가 생기면 마침내 '호구 같은 사람'에서 기쁘게 졸업할 수 있습니다. 이런 일은 부드럽게 할수록 좋습니다. 무리할 필요도, 얼굴을 붉힐 필요도 없습니다.

선어에 '담교淡交'라는 말이 있습니다. 깊이 들어가지는 않지만 마음을 열고 만남을 이어 간다는 의미입니다. 담백하게 사귄다. 이

것이 인간관계를 잘 꾸려 나가는 키워드입니다. 모쪼록 내 상황에 따라 부드럽게 거절도 하면서 거리를 조금씩 넓혀 보세요. 그리하여 본래의 나답게 있을 수 있는 사람들과 다정한 만남을 이어 나가기 바랍니다.

다른 사람의 기준을 버린다

臥月眠雲悠然
와월면운유연

달을 베고 구름에 누워 잠자니 한가롭다

달을 베개 삼아 구름을 이불 삼아 잠드는 유유자적한 세계는
그 무엇에도 사로잡히지 않는 수행자의 이상이다.

동조압력에 굴하지 않을 자신만의 기준

요즘 들어 '동조압력'이란 말을 자주 듣습니다. 이 말은 어떤 집단에서 의사결정을 할 때 소수 의견을 가진 사람들에게 다수 의견에 동조하도록 유도하거나 강요하는 암묵적인 힘을 뜻합니다.

다른 사람의 시선에 신경 쓰지 말고 억지로 맞추려 하지 말라고는 하지만, 동조압력이 강한 나라에서는 그렇게 하는 게 쉽지 않은 것도 잘 압니다. 벗어나려 해도 외부에서 오는 무언의 압력이 너무 커서 출구가 막혀 버린 경우도 있을 것입니다. "다들 그렇게 해. 모두가 좋다고 하잖아. 전부 찬성하는데…"라는 말을 들으며 코너로 몰리는 상상만 해도 정말 아찔합니다.

하지만 동조압력이 강한 사회나 집단에서는 하나의 잣대만 가지고 모든 사람을 이에 맞추려 합니다. '다들, 모두, 전부'라는 커다란 주어를 쓰며 살살 구슬리는 말을 들으면 왠지 모르지만 다수를 따르는 편이 좋을 것 같은 기분이 드는 것도 사실입니다.

그런데 말입니다. 이 '모두'라는 건 대체 누구를 말하는 걸까요? 여러분은 자라난 환경뿐만 아니라 지금 놓여 있는 상황도 각자 다른, 한 사람 한 사람이 다 다른 사람입니다. 사람마다 좋아하는 음식과 싫어하는 음식이 다르듯이 생각이나 지향하는 바도 다른 것이 당연합니다.

"이건 상식이에요"라든가 "일반적인 기준은 그렇습니다"라는 말에 등장하는 상식이나 기준이 정말로 여러분의 상식과 기준에 맞습니까? 모두의 기준이 아니라 자신의 기준으로 따져 보아도 정말로 맞습니까?

어쩌면 우리는 학교에 입학한 때부터 쭉 '모두'의 기준을 따르도록 배웠는지 모릅니다. 그래서 많은 경우 모두의 기준을 나 자신의 기준보다 중요하게 여기고, 그쪽을 따라야 한다고 생각합니다.

그러나 원래 자신의 기준이란 것은 사회 환경이 바뀌고 나이가 들면서 시간과 함께 달라집니다. 그렇다고 해서 180도 확 바뀌거나 전혀 다른 기준이 세워지거나 하지는 않지만요.

내 삶의 방식이라는 큰 줄기가 확실히 서 있다면 사회의 변화에 따라 줄기도 더 성장할 테고 때로는 살짝 비껴 가기도 할 것입니다. 내 기준을 고집하지 말고 새로운 기준으로 유연하게 변화해

나가십시오. 줄기는 길어져도 좋고 두꺼워져도 좋습니다. 이것이 불교에서 귀중히 여기는 유연한 마음, 즉 유연심柔軟心입니다.

사람에 따라 다르겠지만 일반적으로는 여성보다는 남성이 나이가 들수록 변화를 잘 받아들이지 못하는 것 같습니다. 여러 이유가 있겠지만 두려움이라는 감정이 큰 듯합니다. 오랜 시간을 가지고 있던 기준을 내려놓는다는 것이 어떻게 쉬운 일이겠습니까?

저는 여러분이 지금까지 해 온 노력에 박수를 보내고 싶습니다. 여러 일들을 겪으면서도 자신만의 기준을 가지고 잘 버텨 왔으니까요. 그렇다면 이제 거기서 더 나아가 굵게, 길게 여러분을 변화시켜 보면 어떨까요.

나태함을 버린다

吾道一以貫之

오도일이관지

나의 길은 하나다

다른 사람의 의견에 흔들리지 않고

한결같이 내 길을 가는 삶이야말로 존경받을 만하다.

내 물통의 조임띠는 내가 조인다

회사를 다닐 때는 싫어도 어쩔 수 없이 정해진 시간에 일어나 정해진 시간에 집을 나서야 했습니다. 집에서 자녀 양육과 살림을 맡은 사람도 이 일 저 일 하다 보면 시간에 쫓겨서 동동거려야 했을 것입니다. 하지만 이제는 아무 데도 얽매이지 않고 살 수 있게 되었습니다. 아이들은 독립해 나갔고, 여러분은 은퇴를 했으니까요. 축하합니다. 드디어 그렇게 손꼽아 기다리던 자유로운 시간이 왔습니다.

그런데 잠깐 생각해 봅시다. 혹시 자유로운 시간이 왔다고 하면서 그저 나태하게 살고 있지는 않습니까? 느슨해진 조임띠를 맨 채 시간관념 없이 풀어져 있는 건 아닌가 하는 말씀입니다.

텔레비전 앞에서 온종일 뒹굴뒹굴하는가, 아니면 규칙적인 생활을 하는가. 지금 어떻게 사는가에 따라 나이가 들수록 인지 및 신체 기능에서 격차가 크게 벌어집니다.

일본에서는 옛날에 나무 물통을 사용했습니다. 물통 겉면에는 조임띠가 둘러져 있는데, 오래 사용하다 보면 이 조임띠가 느슨해지게 마련입니다. 저는 적당한 루틴routine(규칙적인 일상)이 우리가 살아가는 데 꼭 필요한 '조임띠'라고 생각합니다. 조임띠가 낡아 느슨해지면 다시 조이거나 아예 새 조임띠로 갈아야 합니다. 특히 고령이라면 자기 조임띠를 직접 갈아 끼워 주는 것이 좋습니다.

'아니, 지금까지 그 조임띠 때문에 내가 얼마나 힘들었는데! 이제야 자유를 얻었는데 루틴을 만들라고? 너무 심한 거 아니야?'라고 생각할지 모르겠습니다. 그렇다고 "24시간 전부가 여러분 마음대로 보내도 되는 자유 시간입니다"라는 말을 듣는다고 마음이 그저 편하지도 않을 것입니다. 정말 편히 있어도 될지, 그러다 무슨 문제가 생기는 건 아닐지 마음이 불편할 거예요. 지금까지 나를 조이고 있던 조임띠는 내 스스로가 아니라 주위에서 채운 것이기 때문입니다.

그러나 이제부터 내 몸에 걸 조임띠는 오롯이 내 자신에게 맡겨져 있습니다. 여러분이 바라는 생활에 맞는 크기와 경도(단단한 정도)를 찾아 내 손으로 끼워야 합니다.

어쩌면 생전 처음 자신의 조임띠를 직접 선택하고 채우는 분도 계실지 모르겠습니다. 내 스스로 고른 조임띠에는 내가 추구하는 방향성이 반영되어 있기 때문에 나를 힘들게 하지 않아 기분도 좋아집니다. 그러다 보면 지금까지 보이지 않던 어떤 가능성이 모습을 드러낼 수도 있습니다. 생각지도 않았던 기회가 찾아올 수도 있고요. 자신이 정한 크기와 경도의 조임띠 안에서 생활하다 보면 자신감이 생기고 나태해지지 않기 때문입니다.

'조임'이라는 말 때문에 '조임띠'가 부정적으로 들릴지 모르지만 조임띠가 느슨해진 나무 물통은 결국 틈이 벌어져 물을 담을 수 없게 됩니다. 그러나 딱 맞는 조임띠가 둘러진 물통에는 찰랑찰랑하게 물을 채워 둘 수 있습니다. 이때 이 물통에 든 물의 양이 당신의 능력이고 수용력이 됩니다. 조임띠를 잘 채웠다면 조금씩 조금씩 물통을 키워 나가십시오.

삼독三毒을 버린다

自性清淨心

자성청정심

본래부터 갖고 있는 청정한 마음이다

사람은 본래 깨끗한 마음을 갖고 있다.

서로에게 그 깨끗한 부분을 내어 주어야 좋은 관계가 된다.

분노의 감정은 단전에 머물게 한다

불교에는 '삼독三毒'이라는 말이 있습니다. 우리가 아는, 목숨을 좌지우지하는 그런 독이 아니라 열반에 이르지 못하게 하는 근원적인 세 가지 악을 일컫는 말입니다. 바로 탐욕貪欲, 진에瞋恚, 우치愚癡 이 세 가지가 삼독인데, '탐진치貪瞋痴'라고도 합니다.

'탐'은 탐내어 그칠 줄 모르는 욕심, '진'은 타인에 대한 시기와 질투, 미움을 포함한 분노, '치'는 현상이나 사물의 도리를 올바르게 보지 못하는 어리석음을 뜻합니다. 불교에서는 이 삼독을 가능한 마음에 품지 말고 거리를 두고 살라고 가르치지요.

이 삼독의 반대가 '무심無心'입니다. 사람들은 자주 저에게 "무심이란 어떤 마음 상태입니까?"라고 물어보는데, 한마디로 말하면 '빼앗기지 않은 마음'입니다. 그런데 이를 머리로 이해했다 해도 몸으로 체득하는 일은 결코 쉽지 않습니다. 생명이 있는 한 인간은 이런저런 것들에 마음을 빼앗겨 번뇌에 둘러싸여 살 수밖에 없고, 평범한 사람에게는 나를 얽어매고 있는 것을 모두 버린다는 것이 지극히 어려운 일이기 때문입니다.

그렇다면 어떻게 해야 좋을까요. 그 대답은 석가모니 부처님의 마지막 설교를 훗날 제자들이 정리한《유교경遺教経》에 기록되어 있습니다. 탐하는 마음이 강한 사람은 끊임없이 이익을 추구하기 때문에 그만큼 고뇌도 많고, 욕심이 적은 사람은 욕망을 제어할 수 있기 때문에 고통도 그만큼 적습니다. 만족을 아는 사람은 어떤 상황에 놓이더라도 마음이 부유하고, 만족을 모르는 사람은 아무리 은혜로운 상황에 있더라도 마음이 가난합니다.

아무리 교양이 있고 사회·경제적으로 단단하게 자리를 잡은 사람이라도 도리를 잊어버리게 되면 마음이 욕심에 휘둘려 다른 사람에게 해를 입히고 맙니다. 어느 것에도 빼앗기지 않았던 마음이 참혹하게도 갉아 먹힙니다.

요즘은 특히 '진', 즉 분노의 감정이 여기저기에서 불을 맹렬히 뿜어 대고 있는 듯합니다. SNS도 현실 세계도 모두 비방천지입니다. 어떤 논쟁이 일어나면 그 일과 상관이 없는 사람들까지도 우르르 몰려 분노의 감정을 쏟아냅니다.

'진'은 뭔가에 거슬린 감정이 분노가 되어 분출하는 것입니다. 나에 대한 험담이나 무례한 말, 내 존엄을 해치는 말을 들으면 반론하고 싶어지는 것은 너무나 당연합니다. 난데없이 날아온 공에 얼굴을 맞고 그 충격에 머리끝까지 화가 나서 내가 맞은 만큼 똑같이 최대한 세게 공을 던지고 싶은 마음 같은 것이지요.

'선'에서는 분노의 감정을 머리까지 끌어 올리지 말고 배에 머물게 두라고 가르칩니다. 여기서 말하는 배는 '제하단전臍下丹田' 혹은 '단전'을 뜻합니다. 배꼽 중앙에서 아래로 손가락 네 개를 갖다 댄 만큼의 위치이지요.

분노를 단전에 잘 두는 방법을 한 가지 알려 드릴까요? 마음에 거슬리는 말을 들었을 때를 대비해 미리 어떤 주문 같은 말을 생각해 두는 것입니다. 예를 들면 '고마워'나 '잠깐만' 같은 것입니다. 그리고 상대에게서 공이 세게 날아왔을 때 이 주문을 3회에서 5회 마음속으로 반복하는 겁니다.

'고마워. 고마워. 고마워.'

'잠깐만. 잠깐만. 잠깐만.'

이렇게 말입니다.

분노의 감정은 3초면 잠잠해진다고 합니다. 이 주문은 분노를 3

초 동안 단전에 머물게 하기 위한 것입니다. 거짓말 같겠지만 한 번 해 보십시오. 신기하게도 100만큼 올라가리라 생각했던 분노의 감정이 절반이나 절반 이하가 됩니다. 꼭 해 보길 바랍니다.

분노에 휩쓸려 나온 말은 겨우 3초를 기다리지 못해 입을 뚫고 나온 것입니다. 그런데도 한번 입에서 나온 말은 도로 물릴 수 없습니다. 그 한순간의 실수 때문에 소중한 사람에게 상처를 주고 그 사람을 영원히 잃기도 합니다. 분노의 감정은 머리에 올리지 마십시오. 부디 불에 달궈질 대로 달궈진 주전자가 되지 않기를 부탁드립니다.

선악 판단을 버린다

清寥寥 청요요
白的的 백적적

맑고 고요하고, 밝고 분명하다

마음이 투명하고 명료한 상태를 말한다.
자아와 선입견에 사로잡히지 않고
언제나 새하얀 마음으로 상대를 마주해
상대의 진의를 알고 자신과의 접점을 찾아낸다.

'나'를 빼놓고 본다

케임브리지 대학교의 연구에 따르면 인간은 하루에 최대 3만 5천 번의 결정을 내린다고 합니다. 아침에 일어난 순간부터 밤에 잠이 들 때까지 하루 일과를 해내기 위해서는 결정할 일이 많다는 뜻입니다.

아침에 눈을 뜨면 뭘 먹을지 생각하고 그날 날씨에 어울리는 옷을 고릅니다. 그러고는 또 생각합니다. '오늘은 걸어 다닐 일이 많으니 운동화를 신고 나가야겠구나. 그런데 점심은 뭘 먹지? 건강한 집밥 스타일? 아니면 요즘 뱃살이 좀 늘어났으니 딱 샐러드만 먹고 말까? 아니다. 점심을 제대로 먹고 저녁을 가볍게 먹는 게 낫겠어.'

최근에 '결정 피로'라는 말을 자주 듣습니다. 크고 작은 결정을 계속하다 보면 심신에 피로가 쌓인다는 것이지요. 결정 피로가 삶의 질을 떨어뜨린다는 것은 여러 실험으로 증명되었습니다.

미국 애플사의 공동창업자 스티브 잡스가 항상 검은 터틀넥 상의와 청바지를 입은 것은 유명한 이야기입니다. 어떤 옷을 입을지 결정하는 것조차 피로를 유발하기 때문에 같은 옷을 여러 벌 구비하고 늘 똑같이 입었다는 겁니다. (참고로, 스티브 잡스는 '선' 사상의 열정적인 구도자였습니다.)

이렇게 매일 매순간 반복되는 결정을 하려면 '반드시'라고 해도 과언이 아닐 만큼 계속해서 판단을 내려야 합니다. 그러니 부탁드립니다. 판단을 내릴 때는 하던 일을 잠시 멈추고 자신의 마음속을 한번 들여봐 주십시오. 그 중심에 '나'가 있지는 않은지.

판단의 기준 정중앙에 자아가 있으면 자신에게 유리한 것이 '선'이 되고, 그렇지 않은 것은 '악'이 됩니다. 자신의 입장이 기준이 된 '선과 악'이 늘 진실이기는 어렵습니다. 자아를 너무 믿다 보면 판단을 그르쳐 결정도 올바르게 내리지 못합니다. 그러니 일단 '나'를 빼놓고 바라보는 습관을 들여 봅시다. '나'를 빼놓은 상태로 판단을 내리다 보면 지금의 나에게는 좀 불리할지 모르지만, 세상에는 좋은 일일 수 있다는 대답이 나올 때도 있습니다.

선악의 판단을 버려서 내 앞의 것들이 있는 그대로 보이기 시작하면 나의 세계가 훨씬 넓어집니다. 그리고 그 세계에서는 사람들과 마찰하는 일이 줄어 많은 사람과 편하게 소통할 수 있습니다. 그런 세계가 살기 좋은 세계인 것이지요.

앞을 버린다,
뒤도 버린다

前後際斷 전후제단

앞과 뒤 사이를 자른다

죽음은 생의 연장선에 있는 것이 아니다.
생은 생으로 완결되며, 죽음은 죽음으로 완결된다.
그러므로 지금 이 순간을 필사적으로 사는 것이 중요하다.

어제의 나는 없다

파도가 바닷가로 차례차례 몰려오듯 우리도 하루하루 늙어 갑니다. 노화는 어제오늘 일이 아닙니다. 이 세상에 태어난 순간부터 시작된 것입니다. 하지만 우리는 매일 똑같은 날을 살고 있다고 느낍니다. '나는 똑같아. 나는 안 변해. 나는 그대로야'라고 생각하면서요.

그러고는 어느 순간 문득 그게 아니라는 사실을 깨닫고 어떻게든 지나가는 세월을 붙잡고자 아등바등합니다. 하지만 지나간 시간은 돌아오지 않습니다. 모든 사람이 예외 없이 차곡차곡 나이를 먹습니다.

늙어 간다는 것은 할 수 없는 것이 늘어난다는 뜻이기도 합니다. 이러한 점을 인정하기가, 받아들이기가 쉽지는 않습니다. 그래서 모두 괴로워하고 있습니다.

'전후제단前後際斷'이라는 선어가 있습니다. 글자 그대로 앞과 뒤의 사이를 자른다는 의미입니다. 도겐 선사는 장작과 재를 가지고 전후제단의 의미를 좀 더 쉽게 설명합니다. 흔히들 재를 장작이 타버린 뒤의 상태로 보고 장작과 재가 서로 연결되어 있다고 생각하지만, '선'에서는 이 둘 각각을 개별적인 존재로 봅니다. 장작은 장작이고 재는 재라는 것입니다. 도겐 선사는 장작과 재를 생生과 사死로 비유해 설명하기도 했습니다.

우리가 살고 있는 하루하루도 마찬가지입니다. 어제는 어제로 이미 끝났습니다. 어제는 할 수 있었던 일을 오늘은 할 수 없다고 할 때, 그 일을 해냈던 자신은 과거의 자신이므로 어디를 가도 찾을 수 없습니다. 아무리 아쉬워도 어제의 자신은 이미 존재하지 않습니다. 과거는 이미 끝났고 미래는 아직 오지 않았습니다. 그러니 인간은 현재라고 하는 바로 이 순간밖에 살 수 없다는 것을 머리와 몸으로 이해하고 납득하는 게 무엇보다 중요합니다.

그런데 앞을 자르고 뒤도 자른다고 해서 이를 염세적으로 생각할 필요가 없습니다. 전후제단을 하면 '지금'이라는 이 순간만 남습니다. 그리고 그 '지금'도 곧 과거가 되어 사라집니다. 즉 우리가 살고 있는 이 '지금'이 무엇보다도 귀중합니다. 온 힘을 다해 '지금'을 마주하고 최선을 다해 살기 바랍니다.

잘하지 못하는
고통을 버린다

一笑千山靑

일소천산청

한 번 웃으면 온 산이 푸르다

어떤 역경이라도 웃음으로 날려 버리면 눈앞에 길이 활짝 열린다.

세상도 한순간에 확 밝아진다.

잘하지 못하는 것은 새로운 즐거움의 씨앗

어제보다 오늘, 할 수 있는 일이 하나씩 많아지는 아이들과 달리 안타깝고 슬프게도 어른들은 하루하루 할 수 없는 일들이 많아집니다. 이것이 바로 '나이가 든다'는 것의 의미입니다. 누구 하나 예외 없이 겪는 일이라고 머리로는 알아도 가슴으로는 선뜻 받아들여지지가 않습니다.

동물이든, 식물이든, 물질이든 이 세상 모든 것은 변합니다. 언제까지고 변하지 않는 것은 없어요. 만물은 세월따라 변하고, 태어난 것은 소멸하는 운명을 반복합니다. 이것이 '제행무상諸行無常'입니다.

하지만 인간은 자신과 관련된 것, 즉 자신의 소유물은 물론 자기를 둘러싼 모든 것들이 변하지 않는다고 생각합니다. 아니면 부지

불식중에 그러기를 기대합니다. 그리고 그 기대가 꺾였을 때 고민하고 괴로워합니다. 이를 '인생고人生苦'라고 합니다.

석가모니 부처님은 '일절개고一切皆苦', 그러니까 인생은 원하는 대로 되지 않는 것이라고 했습니다. 이렇게 생각하면 할 수 있었던 일을 할 수 없게 되는 것도 세월의 변화 속에서 일어나는 자연스러운 현상이므로 부끄러워할 일도 아니고 슬퍼할 일도 아니게 됩니다. 그러니 늙어 가는 괴로움에서 벗어나려면 우선은 '변함'을 받아들여야 합니다. 그래야 쇠잔해지는 내 주변도 그리고 나 자신도 사랑과 연민의 눈으로 바라볼 수 있게 됩니다.

늙는다는 것을 가장 실감하는 것이 무엇이냐 생각해 보면 '기억력'을 꼽을 수 있을 것 같습니다. 이때까지는 두세 번 보거나 듣거나 하면 기억할 수 있었는데 이젠 다섯 번, 아니 일곱 번을 반복해야 겨우 머릿속에 들어옵니다. 심지어 그렇게 애써서 외워도 다음날이 되면 아주 새까맣게 기억이 나지 않기도 합니다.

그런 때는 부디 다음과 같이 생각해 주십시오. '금세 외울 수 있던 때는 그것을 당연하게 여겼다. 그러나 이제는 그렇지 않기 때문에 새롭게 알게 되는 것이 있다'라고 말입니다.

누워만 있던 갓난아기는 얼마 후 뒤집고 기어 다니고 붙잡고 일어서고 걷고 달리게 됩니다. 그 순간마다 아기도 가족도 커다란 기쁨을 느낍니다. 그러다 시간이 지나면 걷고 달리는 것은 당연한 일이 되고, 다들 박수를 치며 기뻐했던 순간들을 완전히 잊어버립니다. 마치 처음부터 걷고 달릴 수 있었던 것처럼요.

할 수 없는 일이 많아진다는 것을 할 수 있게 되는 기쁨을 다시금 느낄 수 있는 때가 왔다고 생각하면 어떨까요. 이렇게 생각을 바꾸면 이제부터 내 삶의 주도권은 내가 쥐게 됩니다. '할 수 없다'라는 부정적인 생각은 버리고 새롭게 할 수 있는 즐거움을 되찾은 나 자신을 마음껏 기뻐해 주십시오. 그리고 노화를 늦추기 위해서는 실질적인 노력이 필요하다는 사실도 꼭 기억해 주십시오.

한편, 생각을 바꾸는 것과 더불어 실제로 노화를 늦추기 위한 노력도 필요합니다. 이와 관련해 저희 절에 시주를 해 주시던 분의 이야기를 들려 드리겠습니다.

이분은 98세로 돌아가셨는데, 정말로 지혜롭고 멋진 사람이었습니다. 기술 계통의 일을 하다 퇴직을 하고는 자신의 기술로 뭔가 의미 있는 일을 할 수 없을까 찾다가 발명을 해 보기로 했대요. 일단 발명협회에 가입해서 회원들끼리 매달 한 번씩 자신이 만든 발명품을 직접 보여 주며 발표도 하고 서로 격려도 했답니다.

한 달에 하나씩 뭐라도 내놓아야 하니 지금까지 쌓은 경력과 경험을 토대로 머리도 손도 부지런히 움직여야 했습니다. 다른 사람의 의견에 귀를 기울이는 것은 물론 내 생각을 상대방에게 잘 전달해야 하니 어떻게 말을 하면 좋을까 궁리도 하고 말하는 연습도 하게 되었습니다. 그곳에 모인 사람들은 상하 관계도 아니고 이익 관계도 아니니 활동을 하면 할수록 더 재미있어지고 서로를 더 허심탄회하게 응원할 수 있었을 테지요.

어떻습니까? 이 얼마나 풍요롭고 즐거운 인생 후반기인가요. 마지막까지 활기찼던 그분의 모습이 제 기억에 지금도 생생하게 남아 있습니다.

여러분도 이렇게 살 수 있습니다. 우리에게는 무한한 가능성이 있으니까요. 변해 가는 자신의 모습을 고통으로 여기지 말고 있는 그대로 받아들여서 본인에게 맞는 새로운 단체에 들어가든, 소일거리든 뭐든 찾아보면 좋겠습니다. 절대로 포기하지 마세요.

우리는 유한한 생명을 가진 동물입니다. 몸이 늙고 쇠약해지는 것을 받아들일 수밖에 없습니다. '나이가 이만큼이나 됐으니 이젠 안 돼. 어쩔 수 없잖아. 쓸모없게 되고 말았지' 같은 생각은 심신을 가속 노화시킵니다. 그러니 노화를 받아들이되 지금의 건강과 상태를 최대한 오래 가져가겠다는 마음으로 뭘 할 수 있을지, 뭘 하면 좋을지 주변을 둘러보세요. 앞에서 말씀드린 98세 어르신처럼 자신의 경력과 경험에 그 답이 있을 수도 있고, 취미나 평소에 잘하는 일에서 뭔가를 발견할 수도 있습니다.

딱히 특별한 것을 발견하지 못했더라도 괜찮습니다. 산책을 한다든가 뜨개질을 하면서 평소에도 꾸준히 머리와 몸을 의식적으로 사용하는 습관을 들이면 됩니다. 물론 그래도 일어날 일은 일어나게 되어 있습니다. 그때는 이것도 안 되고, 저것도 안 된다며 노여워하거나 애달파할 것이 아니라 "애고, 이제는 이걸 못 하게 됐네. 하하!" 하고 웃으며 받아들이는 겁니다. 즐거움과 웃음은 고통과 고뇌를 날려 버리는 커다란 힘이 됩니다.

마지막으로 한 가지를 더 말씀드리고 싶습니다. 나이가 많이 드신 분 중에는 "나이가 들었어도 내 건강이 괜찮은 동안은 아이들에게 기대고 싶지 않아요"라고 말씀하시는 분이 많습니다. 좋은 생각입니다. 하지만 이젠 진짜로 쇠약해졌다고 느껴질 때, 내 몸이 도저히 내 뜻대로 되지 않게 됐을 때는 자식이나 다른 가족들에게 의지하는 것도 괜찮습니다. 함께 이런저런 대화를 하면서 나에게 무엇이 필요하고 어떤 새로운 환경이 맞을지 고민해 보고 도움을 받으세요. 부모 자식이란, 가족이란 그런 인연 아니겠습니까.

당연함을 버린다

安閑無事

안한무사

편안하고 한가하여 일이 없다

평화롭고 평온한 상태. 어떠한 집착도 없이
자유로운 마음으로 지내는 것이다.
행복은 그야말로 이러한 날들을 말한다.

좀처럼 없는 '있기 어려움'

앞에서 말씀드린 '전후제단'의 '전前'은 회사 다닐 때의 직위, 예전에 얻은 명예 등 과거를 뜻합니다. 현역 시절에는 내 아래에 직원이 숱하게 있었지만 지금은 아닙니다. 나는 그 시절에 나에게 주어진 역할을 충실하게 해낸 것뿐입니다. 이제 연극은 끝났고 막은 내렸습니다.

그런 경험 때문에 부리는 사람이나 부려지는 사람의 고충을 잘 알게 되었다면 보물 같은 경험을 한 것입니다. 그러나 아직도 과거의 역할에만 붙들려 있다면 참 보기 흉한 모습 아닙니까?

나이를 먹으면 누구나 체력도 떨어지고 당연히 육체도 쇠퇴합니다. 하지만 마음의 상태나 사물에 대한 사고방식, 다시 말해 진정한 의미의 성장은 생명이 다할 때까지 계속됩니다. 죽을 때까지 성장할 여지가 있으니 얼마나 행복하고 감사한 일인가요.

이러한 행복을 방해하는 것이 마땅하고 당연하게 여기는 마음이라고 저는 생각합니다. 일본어로 '감사하다'를 '아리가타이'라고 합니다. 이 말의 어원은 '있기 어렵다有り難し'로, 불교 설화에서 유래합니다. '있기 어렵다'는 '거의 없음'을 의미하지요.

요즘은 지극히 가난한 나라가 아니면 수도꼭지를 틀면 물이 나오는 게 당연하고, 배가 고프면 밥을 먹는 것이 당연합니다. 일상에서 '당연함'과 '마땅함'이 넘칩니다.

그러나 내가 먹는 밥 하나만 보더라도 음식을 만드는 사람, 식재료를 운반하는 사람, 식재료를 생산하는 사람이 있습니다. 바로 내 눈앞에 있는, 딱히 특별해 보이지도 않는 밥 한 그릇만 해도 많은 사람들이 시간과 노력을 기울여야 그 자리에 있을 수 있다는 뜻입니다. 이 얼마나 '있기 어려운' 일입니까?

이처럼 어느 한 현상의 배후에 어떤 시간, 어떤 노력이 담겨 있는가를 생각하게 되면 지금을 더 깊이 감사하게 됩니다. 그러니 당연함을 버리고 상상력을 키워 주세요.

제2부

두려워하지 말고 '멀어진다'

고립에서 멀어진다

壺中日月長

호중일월장

항아리 속에 해와 달이 길다

시간을 초월한 깨달음의 경지이자

시간에 쫓기지 않고 느긋하고 자유롭게 살 수 있는 경지이다.

고독을 내 편으로 한다

일본 내각부가 발표한 '2023년판 고령 사회 백서'에 따르면 65세 이상의 구성원이 있는 세대가 일본의 전체 세대 중 약 절반을 차지하고 있습니다. 그리고 65세 이상의 인구 중에 혼자 사는 남성은 15%(약 230만 명), 혼자 사는 여성은 22.1%(약 440만 명)입니다. 그리고 앞으로도 나 홀로 세대는 더욱 늘어나 2040년이 되면 혼자 사는 고령자가 남녀 합쳐 약 900만 명에 이를 것이라 합니다. 이제는 초고령화 사회가 된 일본이지만, 이렇게 다시 숫자로 확인하니 새삼 아찔합니다.

얼마 전 텔레비전 뉴스에서 아나운서가 '고립사'라고 하기에 고개를 갸웃한 적이 있습니다. 여태까지 제가 자주 듣던 말은 '고독사'였거든요. 그렇지 않아도 고독사라는 말을 들을 때마다 안타깝고 가슴이 먹먹한데, 고립사라니 이건 또 뭔가 싶었습니다.

'고독'과 '고립'을 비슷한 의미로 사용하는 경우가 종종 있습니다만, 저는 이 둘이 완전히 다르다고 생각합니다. 고독이란 혼자서 조용한 시간을 갖는 것입니다. 반면 고립은 주변과의 관계성을 스스로 끊거나 아니면 타의로 끊겨서 아무와도 왕래하지 않고 외톨이가 되는 것입니다.

'고독'이란 말에서 부정적인 인상을 받는 분도 적지 않을 것입니다. 그러나 주변 사람들과의 관계를 유지하면서도 혼자서 자신에 대해 생각하거나 지난 인생을 되돌아보거나 앞날을 계획하는 시간을 갖는 것은 무척이나 바람직한 태도입니다. 때때로 일부러 고독한 시간을 가진다면 인생을 풍요롭게 살아갈 수 있습니다.

나를 풍요롭게 만들어 주는 고독과 관련해서 생각해 볼 만한 것으로 '좌선坐禪'이 있습니다. 좌선은 어느 곳에서 해도 상관없지만 수련장처럼 따로 마련된 장소에서 정해진 시간에 모여서 하기도 합니다. 수련장에서는 여러 사람이 좌선을 하기 위해 나란히 줄지어 앉아 있으면서도 좌선하는 중에는 아무하고도 말하지 않고 묵묵히 자기 자신과 마주합니다. 어떻게 보면 고독한 시간이라 할 수 있습니다.

그러나 좌선을 해 본 분들은 아시겠지만, 나에게 집중하며 앉아 있는 동안은 쓸쓸함이나 불안함, 걱정 같은 감정 때문에 마음이 어두워지는 일은 없습니다. 오히려 개운해집니다.

현대 사회에서는 많은 사람이 바쁘게 살고 있습니다. 어떤 분들은 아침에 눈을 뜨고부터 집에 돌아와 잠을 잘 때까지 온종일 걸어 다니기도 합니다. 이렇게 다들 필사적으로 하루하루를 보내고 있습니다. 어떤 날은 많은 성공을 경험하고, 또 어떤 날은 많은 실패를 경험하면서요.

우리 인생은 좋은 일들만 일어나지 않습니다. 아무리 대단한 사람이라도 실언을 하고 오판을 내리기도 합니다. '그렇게 말하지 않았어야 해. 이렇게 말했다면 그 사람에게 내 본심이 제대로 전달되었을 텐데. 그때 그런 판단을 한 건 내가 제대로 이해를 못 했기 때문일지도 몰라' 하고 후회를 합니다.

이처럼 자신의 말과 행동을 혼자서 가만히 되돌아본다면 오늘의 실패가 내일의 성공으로 이끌어 주는 씨앗이 될 수 있습니다. 하지만 실패를 그대로 방치하면 실패는 결코 성공의 씨앗이 될 수가 없습니다. 오늘 성공을 했어도 마찬가지입니다. 되돌아보고 반성해야 거기서도 배울 점을 찾고 다시 성공할 수 있습니다.

이렇게 정신없이 바쁜데 무슨 되돌아볼 시간이냐며 고개를 가로젓는 분도 있겠지요. 잠깐이라도 좋습니다. 짬을 내어 혼자가 되어 보십시오. 그리고 오늘의 자신은 어땠는지 돌아봐 주십시오. 고독한 시간은 반드시 여러분을 성장시키는 비옥한 토양이 될 테니까요.

“무슨 말인지 잘 알겠습니다. 그런데 정말로 혼자만의 시간 같은 걸 만들 짬이 없다니까요.” 이런 목소리가 들려 오는 것 같습니다. 고독한 시간을 만드는 비법을 알려 드릴까요? 휴대전화를 손에서 놓으십시오. 특히 밤이 최적의 시간입니다. 저는 많은 분에게 밤 9시가 되면 스마트폰을 보지 말라고 권합니다. 스마트폰뿐 아니라 컴퓨터 등 인터넷이 연결된 IT 기기와 거리를 두십시오. 꺼내기 불편한 장소에 둔다거나 눈에 보이지 않게 아예 서랍 속에 넣어 두는 것도 좋겠지요. 그렇게 하면 눈이 휘둥그레질 만큼 조용한 시간을 가질 수 있습니다.

아침에 평소보다 30분쯤 일찍 일어나서 혼자만의 조용한 시간을 보내는 것도 추천합니다. 10분 정도도 충분하니 신선한 공기를 마시면서 아무것도 생각하지 않는 시간을 가져 보세요. 꼭 좌선을 하지 않아도 좋습니다. 여러분의 생활이 완전히 바뀔 것입니다.

스스로 고립을 선택하지는 말 것

인간에게 고독은 필요하지만 고립은 아닙니다. 고립은 피해야 합니다. 앞에서 말씀드렸듯이 고립은 주변과의 관계성이 완전히 끊어진 상태입니다. 특히 본인 스스로 차단하는 것이 가장 좋지 않습니다. 사람들을 만나면 너무 정신이 없고 괴로워서 그냥 내버려 둔 분도 있겠지만, 인간관계에 질식할 것 같아서 사람들과의 관계를 자발적으로 차단한 경우도 있을 것입니다.

하지만 잘 한번 생각해 보십시오. 이전에 말씀드렸듯이 우리는 '나 혼자 힘으로 사는' 존재가 아니라 '주변과의 관계 안에서 살게 된' 존재입니다. 혼자서 밥을 먹는 것도 실은 혼자가 아닙니다. 그 뒤에는 쌀의 생산자를 비롯해 많은 사람이 있습니다. 그러니 애초부터 이 세상에서 '고립'은 불가능하다 할 수 있지 않을까요.

만나면 괴롭기만 한 인간관계를 정리하는 것은 전혀 나쁜 일이 아닙니다. 나답게 살 수 없다면 그 사람과는 인연이 아닌 것이니 멀어지는 것이 현명합니다. 그렇다고 해서 모든 사람과 인연을 끊을 필요는 없어요. 인간관계는 0 아니면 10이 아닙니다.

옛날이야기에는 신선이 깊은 산속에서 은둔 생활을 하는 장면이 종종 나오는데, 신선은 본인 스스로 고독한 삶을 선택한 것이지

고립되어 있는 것이 아닙니다. 그러니 누군가 찾아오면 기쁘게 맞이합니다.

2020년부터 코로나19가 전 세계를 뒤흔든 몇 년 동안 전 세계 사람들은 거대한 실험을 한 바 있습니다. 무슨 말인가 하면, 좋든 싫든 우리는 모두 다른 사람과 거리를 두라고 강요당했습니다. 그때 우리는 어떻게든 다른 사람과 연결되려고 인터넷에 몰두하고, 무슨 방법이 없을까 안달했습니다.

앞에서 언급한 '2023년판 고령 사회 백서'에 따르면, 동네 사는 사람과 마주치면 어떻게 하느냐는 질문에 65세 이상의 82.8%가 '인사한다'고 답했습니다. 스스로 고립의 길을 선택해서는 안 됩니다. 우리에게 그것은 너무나도 견디기 힘든 일이기 때문입니다.

고립에서는 멀어지고 고독한 시간은 가까이합시다. 고독한 시간을 보낸 뒤 다시 사람들 틈으로 돌아갑시다. 사람과의 관계가 얼마나 소중하고 귀중한지 깊이 느끼게 될 것입니다.

생각에서 멀어진다

坐石待薰風

좌석대훈풍

돌에 앉아서 따뜻한 바람을 기다린다

세상만사가 내 뜻대로 되지 않을 때에도

조용하게 앉아서 진득이 기다리는 것이 좋다.

머릿속 생각을 내쫓다

인간은 생각하는 동물입니다. 그러나 지나치게 생각을 많이 하는 것도 좋지 않습니다. 혹시 지금 고민이 있습니까? 그렇다면 과감히 그 생각에서 떠나 보는 시간을 가져 보세요. 고민이 있을 때 밖에 나와 바람을 쐬거나 하다못해 책상에서 일어나 집 안을 몇 발자국 걷기만 했을 뿐인데도 번뜩하고 묘안이 떠오른 적이 있을 것입니다. 물론 생각에서 멀어진다는 것이 말처럼 간단하지 않다는 것도 잘 압니다. 이럴 때 권하고 싶은 것이 좌선입니다.

'선'에서 가장 중요하게 여기는 수행은 좌선입니다. 좌선을 빼놓고는 선을 설명할 수 없습니다. '선'이라는 말은 '조용하게 생각한다'라는 뜻의 힌디어 '디야나dhyana'에서 왔습니다. 인도에서는 불교가 생기기 훨씬 전부터 무릎을 접고 등줄기를 똑바로 세워서 앉는 자세를 '조용하게 생각하는 자세'라고 여겼습니다. 이것이 중국으로 전해졌고, 그 자세를 표현하는 '좌坐'라는 한자가 덧붙여져 '좌선坐禪'이란 말로 쓰이게 된 것이죠. 불교에서는 좌선을 맨 처음 실천한 인물인 석가모니 부처님이고 좌선을 통해 깨달음을 얻었다는 사실을 중요하게 생각합니다. 석가모니 부처님은 이렇게 깨달은 내용을 직접 설법했고, 그 말씀은 나중에 정리되어 경전이 되고 불교가 되었습니다.

조동종曹洞宗의 좌선은 '지관타좌只管打坐'라 합니다. '지관'은 오로지, 한결같이 그것만이라는 뜻입니다. 즉 조동종의 좌선은 '다만, 오로지 앉는다'를 무엇보다 중요하게 여깁니다. 그리고 '다만 한결같이 앉는다'는 아무것도 바라지 않는다는 의미입니다. 좀 전에 제가 생각을 내려놓기 위해 좌선을 권한다고 했는데, 사실은 그것도 틀린 말입니다.

'다만 한결같이 앉는다'는 어떠한 목적을 이루기 위함이 아닙니다. 깨달음을 얻기 위해서나 의지를 강하게 하기 위해서도 아닙니다. 건강에 좋기 때문도 아니고 마음이 흔들리지 않게 해 주기 때문도 아닙니다. 그저 오로지 '좌선'을 하는 것입니다.

좌선을 계속하다 보면 결과적으로 의지도 강해지고 마음도 침

착해지고 복잡한 생각에서 한걸음 멀어질 수 있습니다. 그러나 이것은 어디까지나 앉아 있었기 때문에 얻은 열매라고 생각합니다.

그런데 말입니다. 좌선을 하고 있는 사람의 뇌파를 조사해 보니 판단을 내리는 전두엽(이마엽)이 움직이지 않았고, 감정과 감각을 관장하는 측두엽(관자엽)은 활발하게 움직이고 있었다고 합니다. 좌선에 익숙하지 않은 사람은 앉아 있는 동안 모든 생각에서 완전히 떠나 머릿속이 '무無'의 상태가 되고자 노력하며 그런 상태를 상상합니다. 하지만 실제로 좌선을 하고 있을 때 우리 인간은 지저귀는 새소리가 듣기 좋다거나 바람이 기분 좋게 분다는 감각을을 평소보다 더 잘 느낍니다. 아무래도 좌선할 때는 머릿속을 생각으로 가득 채우고 사는 평소보다 몸 자체가 아주 예민하고 우수한 센서가 되기 때문입니다. 그러니 심지어 평소에는 깨닫지 못하는 주변의 미세한 자극도 섬세하게 느끼기도 합니다.

물론 처음부터 '그저 한결같이' 앉아 있을 수 있는 사람은 없습니다. 이를테면 초심자의 경우 자신이 바른 자세로 앉아 있는 것인지부터가 궁금해서 '이렇게 해야 똑바른가? 저렇게 해야 하나?' 하며 움찔거리기 일쑤입니다.

새소리가 들리면 바로 '무슨 새지? 몇 마리가 저렇게 지저귀는 거야?'라는 생각이 들면서 곧장 생각으로 빨려 들어갑니다. 그러니 새들이 지저귀는 소리가 들리면 '좋은 소리네' 하고 마십시오.

거기서 생각을 멈추는 것이 정말로 중요합니다.

좌선에 대해 아무거나 물어보라고 하면 생각해서는 안 된다고 하면서도 생각을 하고 만다고, 어떻게 해야 하느냐는 질문이 제일 많이 나옵니다. 생각이 떠올라도 일일이 상대하지 말아 주십시오. 바람이 이쪽 문으로 들어와서 저쪽 문으로 나가듯이 떠오른 생각이 머리의 반대쪽으로 쑥 빠져나가게 해 주십시오.

맨 처음에는 잘되지 않아도 계속하면 반드시 할 수 있게 됩니다. 무엇이든 새로운 것을 시작할 때는 그냥 흉내를 내 보아도 좋습니다. '배운다'를 일본어로는 '마나부学ぶ'라고 하는데 이는 '따라 하다'라는 '마네부真似ぶ'에서 왔습니다. 흉내를 내다 보면 배우게 된다는 것이지요. 어찌 됐든, 그게 뭐든 좋아 보이면 한번 따라 해 보십시오.

좌선을 계속하다 보면 머리가 아니라 몸이 올바른 자세를 알아차립니다. 그리고 기억합니다. 그렇게 되면 결국은 '어? 방금 정말로 기분이 좋았는데, 뭐지? 왜지?'라고 느껴지는 순간도 반드시 옵니다. 이것이 바로 '생각에서 멀어진 순간'입니다.

처음에는 눈 한 번 깜박한 것 같은 지극히 짧은 시간일 것입니다. 그러나 이런 순간을 경험하고 나면, 점차 앉자마자 그런 상태로 들어갈 수 있게 되고, 그런 시간을 더 길게 그리고 언제나 그런 상태로 들어갈 수 있게 됩니다.

그러면 끝입니다. 다 했어요. 몸과 마음 그리고 숨이 하나가 되면 언제, 어떤 순간에도 우리를 이리저리 끌고 다니며 혼란스럽게 만드는 생각에서 멀어질 수 있습니다. 바쁜 현대 사회를 살아가는 우리에게 좀처럼 있기 어려운 '마음이 편안해지는 순간'이 되는 것이지요.

조동선의 사상을 쉽게 설명하자면, 병에 걸리고 나서 치료에 힘쓰기보다 인간의 몸은 원래부터 건강하므로 병에 걸리지 않도록 평소에 몸을 단련해 두자는 쪽입니다. 이는 모든 사람은 이미 부처의 본질, 즉 건강하고 구름 한 점 없는 맑고 아름다운 마음을 갖고 있다는 도겐 선사의 가르침을 기본으로 하기 때문입니다.

언제나 실수를 저지르고 고민하고 괴로워하는 자신이 어리석게 느껴질 때도 있겠지요. 하지만 우리는 그런 부족한 사람이 아닙니다. 우리 모두는 부처님의 본질을 갖추고 있습니다. 그러므로 병에 걸리지 않도록 평소에 관리하고 단련해야 합니다. 그렇게 하는 방법이 수행이고, 그것이 바로 좌선입니다.

좋은 것도 나쁜 것도 생각하지 말고 조용히 바르게 앉아 보세요. 머릿속이 번잡하고 바쁠 때야말로 좌선을 할 타이밍입니다. 부디 하루 중 잠시라도 고요히 앉아 있는 시간을 마련해 보세요.

숫자에서 멀어진다

直心是我師 직심시아사

있는 그대로의 마음이 나의 스승이다

집착이나 편견 등으로 응어리졌던 자아를 버리고
있는 그대로의 내 마음을 찾아라.
그 마음이 길을 알려 주는 스승이다.

숫자는 자기 추진의 동력으로만 삼는다

'얼마나 많이 가졌는가'가 중요하다고 생각하는 사람이 많습니다. 하지만 뭔가를 많이 가지고 있다는 것이 꼭 좋은 것만은 아닙니다. 그것보다 '가진 것들을 얼마나 잘 사용하고 있는가, 올바르게 쓰고 있는가'가 중요합니다.

요즘 들어 미디어에 자주 나오는 것이 있습니다. 여러분도 이미 알고 있을 텐데요. '세계에서 제일 행복한 나라'라 불렸던 부탄이 최근 몇 년 동안 행복도 순위에서 확 떨어졌다는 것입니다.

여러 이유가 있겠지만, 일설에 따르면 SNS로 다른 사람의 생활을 쉽게 들여다볼 수 있게 되면서 비교를 하게 된 것이 큰 요인이라고 합니다. 충분히 행복하게 살고 있다고 생각하고 있었는데 알고 보니 옆 사람은 더 많은 물건을 갖고 있고, 맛있어 보이는 음식을 더 자주 먹고 있는 겁니다. 이를 알게 된 부탄 사람들 마음에 '나는 이것도 없고 저것도 없구나'라는 생각이 싹튼 것일지도 모르겠습니다. 그러니까 '있는' 것이 아니라 '없는' 것을 세어 남과 비교하는 것입니다.

숫자란 참 재미있습니다. 1과 5를 나란히 놓으면 사람들은 무의식적으로 그 차이를 계산합니다. 그래서 물건이라면 많은 숫자 쪽이 좋고, 성적이라면 높은 숫자 쪽이 뛰어난 것이라고 생각합니다. 어떤 것을 10만큼 갖고 있는 사람은 1밖에 갖지 않은 사람을 보면 우월감을 느끼고, 1만 갖고 있는 사람은 10을 갖고 있는 사람에게 열등감을 느끼고 샘을 냅니다.

코로나19 기간에도 우리는 숫자에 휘둘렸습니다. 하루 종일 '실시간 신규 감염자 및 입원자 수'가 대문짝만하게 보도되었고, 사람들은 그 숫자를 보며 일희일비했습니다. 그때가 지금도 기억에 새롭습니다.

숫자 그 자체는 사실을 전달하는 정보에 지나지 않는데도 우리는 그 대소와 차이에 마음이 흐트러집니다. 때로는 숫자에 과잉반응해서 불필요한 분쟁을 일으키고 상처를 입고 상처를 주기도 합니다. 나라와 나라 사이에 이런 일이 생기면 비참한 전쟁까지 벌어지기도 합니다.

쉽게 볼 수 있는 사례를 말씀드리면 건강 검진의 숫자가 그렇습니다. 자신의 혈압을 계속 관찰하면서 예전과 지금을 비교하면 아무 문제가 없는데도 다른 사람의 혈압과 비교하면서 뭔가 잘못되었다고 느낍니다. 타고나기를 혈압이 높은 편인 사람도 있고 낮은 편인 사람도 있습니다. 그런데도 이 세상과 사람들은 '평균'이라는 말로 모든 것을 일반화하려 합니다. 전혀 의미가 없는데도 말입니다. 그러다가 자기 몸에는 지금 아무런 이상이 없는데도 평균 혈압으로 만들겠다며 굳이 약을 먹습니다. 이쯤 되면 좀 위험하지 않은가요?

숫자는 사람의 마음을 딱 묶어 버리는 함정과 같습니다. 거기에다가 평균적, 일반적, 상식적이라는 말까지 붙으면 더욱 주의가 필요합니다. 그 함정 아래에는 마음을 먹어 버리는 독이 가득한 연못이 도사리고 있습니다.

사람에게는 모름지기 '분수'라는 것이 있습니다. 자신의 분수를 부정하고 욕심대로 살면 자신도 모르는 사이에 되돌릴 수 없는 지경에 빠지고 맙니다. 술을 마시더라도 자신의 주량을 확실히 알고 몸을 가누지 못할 지경까지는 마시지 않아야 합니다. 그래야 그 시간이 즐거운 한때가 되고 추억이 되겠지요. 이처럼 자신의 분수를 확실히 아는 것, 즉 알맞은 정도를 아는 것은 무척이나 중요합니다. 이는 세상 모든 것에 통용됩니다.

사람이 열 명이 있으면 열 명 다 제각각입니다. 역량도, 얼굴도, 성격도 다릅니다. 말술을 즐기는 대주가가 있는가 하면, 술을 입에도 못 대는 사람이 있는 법이니 다른 사람에게 신경 쓰지 말고 자신의 분수에 맞게 살면 됩니다.

욕심은 인간이라면 누구나 갖고 있는 것이지만, 위만 바라보면 끝이 없습니다. '선'의 수행이 그 욕심에서 멀어짐을 지향하는데, 그래서일까요? 선의 수행에는 끝이 없습니다. 인간이 욕심을 내려놓는다는 게 얼마나 어려운지를 보이는 증거인 것이지요

그토록 놓기 어려운 욕심과 거리를 두는 좋은 방법 중 하나가 어디에나 따라다니는 숫자로부터 한걸음 멀어지는 것이라고 생각합니다. 물론 자신을 앞으로 나아가게 하는, 즉 자기 동력의 추진이 되게 하는 숫자의 사용은 적극 장려합니다. 다만 이때 비교하는 대상은 다른 사람이 아니라 어디까지나 자기 자신이어야 합니다. 더 나아지고 싶고 앞으로 나가고 싶다는 욕심이 이때만큼은 '아욕'이 아니라 '의욕'이 됩니다. 같은 욕심이라면 저는 독이 되는 아욕이 아니라 추진력이 되는 의욕을 가지라고 말씀드리고 싶습니다.

상대의 모래판에서 멀어진다

和氣兆豊年

화기조풍년

계절의 순조로움은 풍년의 징조다

'화기'는 온화한 기색이다. 인간관계를 온화하게 유지하면 저절로 열매가 많아진다.

화목은 서로 뜻이 맞고 정다운 것이 중요하다는 뜻이다.

‘왜?’라고 생각해 본다

1장에서 말씀드렸듯이 ‘화’는 삼독 중 ‘진瞋’에 해당합니다. 줄여 나가는 게 최선이지만 감정의 동물인 우리 인간에게 쉽지 않은 것도 사실입니다. 그만큼 힘들기에 삼독에 포함된 것이겠지요.

현실에서 일어나는 일대일의 다툼에는 눈에 보이는 상대가 있습니다. 상대가 했던 말, 상대의 태도에 분노의 감정을 억누를 수 없게 되었을 때 다툼이 일어납니다. 그런데 요즘은 명확한 상대가 없는데도 가슴속에 화를 품고 분노를 표출하는 사람이 많은 것 같습니다. 사회에 대한 화, 정치에 대한 불만, 자신 처지에 대한 분개… 이러한 것들은 보통 쉽게 해결되지 않는 데다가 다루기가 무척 까다롭습니다.

이처럼 내 안에서 화가 치솟을 때는 아무것도 하지 말고 일단 '왜'라고 스스로에게 질문을 해 보세요. 인수분해를 하듯이 자신에게 일어난 화의 원인을 '왜'로 변환해서 세세하게 분해해 보는 겁니다. 그런 다음 지금 고민하거나 불만스럽게 생각하고 있는 바로 그 '왜'의 배경을 하나씩 점검하다 보면 화는 차차 가라앉고 해결의 실마리가 보일 것입니다.

한편, '모르는 상대에 대한 화'라고 하면 SNS의 비방 댓글이나 악플을 꼽을 수 있겠습니다. SNS에서는 자신의 생활권 안에 있지도 않고 자신과 아무 관계도 없는 사람에게 과도하게 비난을 하는 분이 적지 않은 것 같아요. 혹시 내가 SNS에 올린 글이나 이미지를 두고 생판 모르는 사람이 싸움을 걸어 오면 여러분은 어떻게 합니까? 화가 바짝바짝 오르고 분통이 터져 똑같이 합니까?

이럴 때 가장 현명한 방법은 상대의 모래판에 올라가지 않는 것입니다. 예를 들어 일본의 전통 씨름인 스모는 양쪽이 같은 모래판에 올라야만 비로소 경기가 성립합니다. 이처럼 내가 다른 모래판에 있으면 상대는 아무리 겨루고 싶어도 할 수가 없습니다. 그저 자기 모래판에 서서 이제나저제나 상대가 오기를 기다립니다. 그러다 보면 그 사람도 결국 진력이 나고 김이 새서 싸우려는 마음이 사라집니다.

어떤 것에 대한 사고방식이나 가치관은, 100명이 있다면 100개의 모래판이 있는 것과 같습니다. 그러니 굳이 같은 모래판에 들어갈 필요가 없습니다.

그리고 또 한 가지, SNS는 내 생활을 즐겁거나 편리하게 해 주는 도구이면서 동시에 '여러분, 저는 여기서 이렇게 살아요!'라고 전 세계를 향해 내보이는 공간입니다. 따라서 자신의 마음에 들러붙어 있는 '자아'가 노출되기 십상입니다. 그러니까 불특정 다수를 향해 자신이 아욕에 사로잡혀 있다는 것을 뻔히 드러내 보이는 것과 마찬가지입니다. 이 점을 깊이 마음에 새겨서 SNS를 지혜롭게 사용하면 좋겠습니다.

괴로움에서 멀어진다

少水常流如穿石

소수상류여천석

작은 물방울이 바위를 뚫는다

아무리 작은 물방울이라도 한곳에 계속 떨어지면
단단한 바위도 뚫을 수 있다.
끊임없는 노력은 반드시 열매는 맺는 법이다.

'좋아해', '재미있어'를 원동력으로

나이가 들면 지금의 일이나 지위를, 취미를 계속 유지해도 될지 고민할 때가 많아집니다. 그럴 때는 '좋아해'라는 마음을 하나의 지표로 삼아 보세요. 그러면 종종 길이 보입니다.

일에서, 취미에서, 인간관계에서 괴로움을 느낀다면 일단은 그 일을 멈추고 잠시 생각해 봐야 할 때가 와서 그런지도 모릅니다. 괴롭고 고통스럽다고 당장 그만둘 생각부터 하지 말고, 어떤 식으로 바라보아야 괴로움을 느끼지 않고 지나갈지를 생각해 보자는 것입니다.

손으로 정교한 물건을 만드는 어떤 장인의 이야기를 들은 적이 있습니다. 부모님의 뒤를 이어 그 일을 하게 되었는데, 처음에는 좋다는 감정이 전혀 없이 '가업이니까 어쩔 수 없어. 그냥 해야지

뭐'라는 마음이었답니다. 젊었을 때는 좀 화려한 세계로 나가 보고 싶은 마음도 없지 않았는데 하루하루 눈앞에 있는 일, 해야 할 일에 열중해서 하던 중 어느 날 문득 '이 일이 내 천직'이라는 생각이 들더래요. 생각이 완전히 바뀐 것이지요.

꾸준하고 성실하게 오로지 눈앞의 작업에 매진해야 장인의 경지에 오를 수 있습니다. 기술은 단번에 체득되는 것이 아니기 때문에 오랜 시간을 쏟아야 합니다. 그 지난한 과정을 매일 끈기 있기 마주했고, 실제로 점점 잘하게 되면서 즐거움과 재미를 느끼고 좋아하다 보니 장인이 되었다고 저는 생각합니다.

정말 신기하게도, 정성을 기울일수록 '싫다'는 마음을 잊게 되는 경우가 많습니다. 언제까지고 부정적인 생각이 떠나지 않는다면 '시켜서 어쩔 수 없이 한다'는 마음이 있기 때문일지 모릅니다. '내가 스스로 선택한 것이다'라고 '나'를 주어로 하면 '싫다'는 마음은 어딘가로 사라져 버립니다. 이렇게 되면 끝난 겁니다. '싫어, 싫어'에서 '좋아, 좋아'로 바뀌는 건 시간문제일 테고, 그렇게 되면 멈추지 말고 계속하면 됩니다.

취미라면 더욱 그렇겠지요. 애초부터 관심이 있었고 좋아하는 마음이 있기 때문에 시작한 것이므로 이런저런 말을 들을지라도 그만둘 이유가 없습니다. 남들 눈에 어떻게 보이든 무슨 상관입니까. 그걸 하면서 내가 즐거움을 느낀다면 그만둘 필요가 전혀 없습니다. 취미로 하는 것이니까 다른 사람과 비교하지 않아도 되고 최고 같은 게 되지 않아도 됩니다. 만약 비교하고 싶다면 자신과 비교하는 것은 좋습니다. 어제의 나보다 반걸음이라도 앞으로 나아갔으면 잘한 것입니다.

나이가 들었으니 이것도 포기하고 저것도 포기해야 한다며 부정적으로 생각하면 안 됩니다. 혹시 '소수상류여천석'이라는 선어를 들어 보셨나요?《유교경遺教経》에 나오는 말로, 아무리 작은 물방울이라도 계속해서 한자리에 떨어지면 바위에 구멍을 낸다는 뜻입니다. 이 작은 물방울이 매일의 노력입니다.

좋다거나 재미있다고 느껴지는 것을 발견했습니까? 그렇다면 인생의 엄청난 보물을 찾은 겁니다. 언제까지고 계속해서 커다란 '구멍'을 내 주십시오.

깨달음의 집착에서 멀어진다

香巖擊竹

향암격죽

돌이 대나무에 부딪히는 소리에 승려 향암이 깨달음을 얻다

승려 향암이 비질을 하다가 작은 돌을 날렸다.
돌은 대나무에 부딪히며 작은 소리를 냈고
향암은 그 소리에 오랫동안 구하던 깨달음을 얻었다.
무엇이든 계속 찾고 구하는 게 중요하다.

깨달음은 뒤따라온다

불교의 궁극적인 목적이 깨달음을 얻는 것이라고 생각하십니까? 그것은 정답이기도 하고 오답이기도 합니다. '선'에서는 깨달음을 얻고 싶어 하는 마음, 빨리 깨닫고 싶어 하는 마음이 있는 동안은 오히려 깨달음을 얻을 수 없다고 봅니다. 이런 마음은 깨달음 자체에 집착하기 때문에 생기는 것이니까요.

또한 깨닫기 위해 좌선을 한다고 생각하겠지만 좌선이 깨달음을 위한 도구가 되면 그 의미가 퇴색합니다. 깨닫고 싶다는 마음도 버리고 그저 오로지 자리에 앉아야만 그 결과로 깨달음이 따라오는 것입니다.

일본 임제종臨済宗[7] 중흥의 아버지인 하쿠인白隱에 대한 이야기입니다. 하쿠인은 에치고越後(지금의 니이가타현)의 어느 절에서 자신이 깨달음을 얻었다고 생각했습니다. 그래서 그곳의 주지승과 수행 동기에게 자신이 깨달음을 얻었다고 알렸는데, 이 사람들이 자신을 바보 취급하는 게 아니겠습니까?

'아니, 이 사람들이! 내 깨달음을 무시해?' 화가 난 하쿠은 나가노현의 이이야마에 살던 쇼주正受 노인[8]을 찾아갑니다. 혼자 오랜 수행을 해 왔다는 고매한 쇼주 노인과 논박을 벌여 그에게 인정을 받겠다며 의기충천해서 간 것입니다.

그런데 하쿠인은 쇼주 노인에게 걷어차여 저 멀리 나가떨어지고 맙니다. 자신의 오만함을 간파한 쇼주 노인에게 호되게 당한 것이지요.

결국 하쿠인은 쇼주 노인 곁에서 수행을 시작했습니다. 그러던 어느 날, 탁발을 하러 나갔는데 한 노파가 "대체 언제까지 여기에 있을 거야? 어서 빨리 돌아가!"라며 하쿠인을 사정없이 두들겨 패는 겁니다. 정신을 잃고 쓰러졌던 하쿠인은 눈을 뜬 순간 팍! 하고 깨달음을 얻었다고 합니다.

또 '향암격죽'이라는 선어에 담긴 이야기도 있습니다. 향암은 당

---

7 임제종은 9세기 중국 당나라의 임제의현(臨濟義玄)에 의해 창시된 중국 불교 선종 5가 중 한 종파이다. 일본으로 전파되어 일본 임제종 성립에 영향을 주었다.

8 도쿄에단(道鏡惠端)의 별명으로, 일본 에도시대 임제종의 승려이다.

시 고명한 승려인 백장회해百丈懷海의 제자였는데, 스승이 사망하면서 동문 선배인 위산영우潙山靈祐가 있는 곳에서 수행을 하고 있었습니다. 그런데 동문 선배가 낸 문제에 대답을 하지 못했고, 책이나 학문에서 얻은 지식으로는 깨달음에 도달할 수 없다며 호되게 야단을 맞습니다. 이런 말까지 듣자 화가 머리끝까지 난 향암은 지금까지 갖고 있던 자기 책을 모두 태워 버리고 맙니다. '이런 것들은 하나도 도움이 되지 않았어!'라며 말입니다.

향암은 실의를 안은 채 남양혜충국사南陽慧忠國師[9]가 수행했던 옛터에 허름한 암자를 짓고 은둔 생활을 합니다. 그러던 어느 날, 빗자루로 바닥을 쓸고 있는데 비질에 날아간 작은 돌이 주변 대나무에 부딪혀 탁 하고 소리가 났습니다. 향암은 그 소리를 듣고서 마침내 크게 깨달음을 얻었다고 합니다.

둘 다 무척 신기한 이야기입니다. 이 밖에도 머리를 부딪혔다거나 넘어지거나 하면서 전혀 예상치 못하게 깨달음에 닿았다는 이야기가 산처럼 있습니다. 이렇게 갑자기 깨달음을 얻는 것을 '돈오頓悟'라고 합니다.

깨달음만이 아니라 어떤 것을 이루고 싶다, 어떠한 내가 되고 싶

9 7세기 중국 당나라의 승려이다.

다고 바라는 마음을 품고 있을 때는 오히려 이루지 못한다고 저는 생각합니다. 집착이 방해하기 때문입니다.

마지막으로, '선'에서는 깨달음을 얻었다 해서 그걸로 끝이 아닙니다. '백척간두진일보百尺竿頭進一步'라는 선어가 있습니다. 100척이나 되는 장대 위에 올랐어도 한 걸음 더 내디딘다는 뜻으로, 이미 할 수 있는 일을 다했지만 다시 한 걸음 나아간다, 조금 더 좋아지고 조금 더 나아지려는 향상심을 가져야 한다는 가르침입니다.

향상심을 갖는 것은 당연히 중요합니다. 그러나 저는 꼭대기에 도달하면 거기서 '더 위로 가자, 좀 더 위로 가자' 할 게 아니라 그곳에서 어떻게 내려와야 할까 하는 부분도 향상심만큼이나 인생에 있어서 중요하다고 생각합니다. 내려오는 길이야말로 사람마다 제 사는 모습의 표현이 아니겠습니까.

제3부

행복의
길잡이

'오갈장'과 '오할용'

孤活
迥卓
々々

독형형
활탁탁

빛이 나는 사람은 멀리 떨어져 있다

생기가 다른 이를 압도할 만큼 가득하다는 것은
엄격한 수행 끝에 경지에 도달한,
다른 사람보다 출중한 사람이라는 뜻이다.

충만히 다 살고 미련 없이 죽다

"스님, 나이가 드니까 '오갈장'과 '오할용'이 무엇보다도 중요합니다."

저희 절에 시주해 주시던 분에게 몇 년 전에 들은 말입니다. 이 분은 경영하던 회사를 아들에게 물려주고 느긋한 노후를 보내고 있었습니다. 현업에서 은퇴했다는 소식을 듣고 얼마쯤 있다가 제가 "요즘 어떻게 지내십니까?" 하고 물었더니, 이렇게 알쏭달쏭한 말씀을 하시는 겁니다.

뭔가 새로운 일을 시작하신 건가 싶어 한 번 더 여쭸더니 이런 답이 돌아왔습니다.

"'오늘 갈 장소'와 '오늘 할 용무'를 만드는 게 중요하다는 말입니다." 그러고는 만면에 미소를 띠는 게 아니겠습니까? 저는 참 좋은 말씀이라며 박장대소했습니다.

이분은 하루 해가 저물면 내일은 어디에 가서 뭘 할지 반드시 계획을 세우고, 폭풍이나 대설 같은 악천후가 아닌 한 본인이 생각한 일정은 그날 중에 마친다고 했습니다. 이것이 이분이 일선에서 물러나도 여전히 젊게 사는 비결이었습니다. 그렇게 여기저기 다니다 보면 새로운 사람이나 원래 알던 사람들을 만나서 대화를 하게 되는데, 이 모든 것들이 다 뇌를 자극하니까 머리가 여전히 팽팽 돌아가고, 늙을 일이 없는 것이지요.

사실 이분은 3년쯤 전에 큰 병으로 고생을 많이 했습니다. 당시에는 무척이나 야위었고, 법회에 참석하느라 오셨을 때도 지팡이에 의지해야 했습니다. 하지만 지금은 지팡이 없이 걸어 다닐 정도로 회복을 했습니다. 재활에 온 힘을 쏟았기 때문입니다. 아마 그때는 재활이 이분에게 오갈장과 오할용이었겠지요. 80세쯤에 오갈장과 오할용 이야기를 들었는데, 80세 중반이 지난 요즘도 직접 자동차를 운전해 씩씩하게 절에 오십니다.

은퇴 직전에 뇌경색으로 쓰러진 분도 있습니다. 처음에 저희 절에 오셨을 때는 지팡이를 짚고 부인의 부축을 받았어요. 이분도 처음에는 한 걸음 한 걸음 걷는 것부터 시작했다 합니다. 매일 걷는 연습을 해서 이윽고 지팡이 없이 걸을 수 있게 되었고, 언젠가 조깅을 하고 있다는 소식을 들었는데 이제는 마라톤에 도전하신답니다. 제가 이렇게 짧게 말로 하니 별일 아닌 것처럼 여겨질지도 모르겠습니다만, 얼마나 길고 힘든 여정이었겠습니까.

또 다른 분 이야기를 해 볼까요. 저희 절까지 편도 5킬로쯤 되는 길을 언제나 달려서 오는 분이 있습니다. 이분도 한 번 쓰러져서 크게 고생을 했고 몸을 추스르자마자 재활을 시작했습니다. 회복 후에는 언제나 착 달라붙는 운동복을 입고선 겨울에도 온몸에서 수증기를 내뿜으며 달려오셨어요. 법회가 끝나면 다시 달려서 가시고요. "차 한잔 드시고 가세요!" 하며 불러 세워도 "괜찮아요. 괜찮아!"라며 경사가 가파른 계단을 발걸음도 경쾌하게 착착착 내려가셨어요.

이분은 93세에 돌아가셨는데 마지막까지 이런 모습이었습니다. 본인이 가끔 "제가 그때 걷지 못했다는 게 거짓말 같아요"라고 하셨는데, 그럴 때면 저희 절 식구들 역시도 모두 믿을 수 없다는 눈빛으로 이분을 보곤 했습니다.

행여 몸 어디가 불편하거나 병에 걸리더라도 포기하지 말아 주십시오. 저는 재활이나 치료에 임할 때 강하고 간절한 마음이 얼마나 중요한지를 정말로 많은 분을 통해 배웠습니다. 이분들은 모두 '아주 조금 더 나아갔을 뿐'이라고 한목소리로 말했습니다. 다시 말해, '계획한 것보다 1회만 더!', '요 앞까지 조금만 더!'를 실천하라는 뜻입니다.

이분들은 질병을 받아들이는 자세도 같았습니다. '이왕 걸려 버렸으니 어쩌겠는가'라고 한달까요. '왜 나만 이런 고통을 겪어야 하는 거야!' 하며 낙심하거나 병에 걸린 원인을 찾느라 끙끙거리지도 고민하지도 않았습니다. '기왕지사 이렇게 된 것, 이제부터는 회복하는 일뿐이다!' 이렇게 마음을 먹은 것이지요.

억울한 마음이 들어도, 원인을 따져 봐도 어쩔 수 없는 건 깔끔하게 버려 보내고 지금보다 눈곱만큼이라도 좋아지기 위해 할 수 있는 일을 하면 좋겠습니다. 주변을 보면 이렇게 긍정적으로 대응한 분들이 건강을 되찾았습니다. 덕분에 저는 그분들과 다시 만날 수 있었고요. 몸이 예전같지 않고 병이 마음을 어떻게 먹는가에 따라 앞으로의 상황이 크게 달라질 수 있음을 몸소 가르쳐 준 분들이시지요.

인간만이 아니라 생명이 있는 동물은 살아 있는 동안에 그 생을 '충만히 다 살아 내야' 합니다. 이는 무척 중요합니다. 그리고 누구에게나 공평한 죽음이 다가오면 역시 '미련 없이 죽는 것'밖에 없습니다. 죽음은 생의 연장선에 있는 것이 아닙니다.

자신의 인생에 시간이 얼마나 남아 있는지 아는 사람은 없습니다. 다만 확실한 것은 딱 한 가지, 지금 이 순간 내 심장이 고동쳐 나를 살게 한다는 것뿐입니다. 그러니 소중하고 사랑스러운 이 순간을 귀중하고 충만하게 살면 좋겠습니다. 이러한 순간이 한층 한층 쌓여 '인생'이 됩니다.

자기 힘으로
자기를 밝힌다

白珪尙可磨
백규상가마

하얀 옥을 더욱 연마하다

'규'는 옥을 말한다. 백옥이 완벽하고 결점 하나 없더라도
잊지 말고 계속 연마해야 한다.
'선'에서는 이제 완전하니 끝났다, 이런 생각 자체가 없다.
언제나 더 나아지고자 수행에 힘쓰는 것이 선이다.

자신의 머리로 생각한다

태양이 서쪽 지평선으로 사라지고 이윽고 어두운 밤이 와도 우리는 식사를 하거나 책을 읽을 수 있습니다. 저 먼 어느 발전소에서 만들어진 전기가 우리가 살고 있는 곳까지 송전되어 머리 위를 밝게 비춰 주기 때문입니다.

그처럼 여러분도 어딘가에서 누군가가 뭔가를 송전해 준 덕분에 살아갈 수 있는 게 아닐까요? 전기만이 아니라 지금은 세상 모든 것이 송전되는 풍요로운 시대니까요.

그 대표적인 예가 바로 '교육'입니다. 어렸을 때부터 학교와 학원 선생님이 공부에 관한 것들을 친절히 가르쳐 줍니다. 그리고 회사에 들어가면 선배와 상사가 업무를 알려 줍니다. 마치 우리에게 전기가 있는 생활이 너무나 익숙하고 당연하기에 이리저리 궁리해서 스스로 밝힐 필요가 없듯이 시키는 대로만 해도 충분히 살 만합니다. 그러나 이렇게 가르침을 송전해 주는 선생님과 상사는 언젠가 사라집니다. 그런 날이 왔을 때 여러분은 자신의 힘만으로 빛을 낼 수 있을 것 같습니까?

저는 사람들을 만날 때마다 자가발전형 생활 방식을 제안하고 있습니다. 전기가 끊겨도 스스로 생산할 수 있는 능력이 있으면 무서울 게 없습니다.

자가발전형 생활 방식이란 자기 머리로 생각하고, 자기 스스로 몸을 움직이고, 해야 할 것과 하고 싶은 것을 직접 정해서 하루하루를 사는 것입니다. 지금까지 전기를 받아서만 쓰고 있는 사람에게 갑자기 자가발전형 생활 방식으로 살라고 하면 어려울 수 있습니다. 그러니 아주 작은 것부터 시작하면 좋겠습니다. 언제나 다른 사람이 가져다준 차를 마셨다면 스스로 만들어 봅시다. 다른 사람들에게 나눠 주기도 하고요. 책꽂이에 먼지가 보이면 누군가 치우기를 기대하지 말고 그냥 손걸레를 집어 드세요. 집에 재활용 쓰레기가 제법 쌓인 것 같으면 번쩍 들고 분리수거장에 가세요.

처음부터 커다란 일에 도전하지 않아도 됩니다. 내 주변을 둘러보기만 해도 할 수 있는 일들이 얼마든지 있습니다. 그렇게 하나를 찾았다면 금세 다른 것, 또 다른 것을 발견할 수 있습니다. 작은 보폭이 큰 보폭이 되어 앞으로 앞으로 나아가게 됩니다. 그렇게 되면 점점 환해지는 내 빛을 듬뿍 받아 내 주변의 풍경이 한없는 아름다움을 보여 줄 것입니다. 그 모습을 한번 상상해 보세요. 정말 멋지지 않습니까!

맨 처음에는 꼬마전구처럼 조그맣더라도 자기 스스로 생각하고 움직이고 할 일과 하고 싶은 일을 찾아서 한다면 제대로 빛이 날 것입니다. 작더라도 빛을 내는 사람이 많아지면 내 주변도 점점 밝아집니다. 살기 좋은 곳이 되는 것이지요. 작은 빛이 온 나라 구석구석을 밝히면 세상은 지금보다 훨씬 밝아질 것입니다.

깨달은 이 순간부터 부디 자가발전을 시작해 주십시오. '선즉행동禪卽行動'[10]입니다.

---

10 즉시 행동하라는 뜻이다. '선'에서는 무엇보다 행동을 중시한다.

편리에
휘둘리지 않는다

勤精進 근정진

부지런히 힘써 나아가다

무엇에든지 성심성의를 기울여 도에 이르도록 힘을 쓰라.
'선'에서는 불도 수행에 매진하는 것을 말한다.

머리를 녹슬게 하지 않는 작은 규칙

불과 얼마 전까지만 해도 사람들은 모두 자기 손으로 직접 집안일을 했습니다. 더러워진 옷을 빨래판에 벅벅 문질러서 빨고, 쪼갠 장작에 불을 붙여 목욕물을 데웠습니다. 방이든 복도든 빗자루로 쓸고 손걸레질을 했습니다.

지금은 세탁기에 물과 세제만 넣으면 이내 깨끗하게 옷이 빨려 나옵니다. 버튼 하나만 누르면 온수에 샤워를 할 수 있고, 로봇청소기에게 비질도, 물걸레질도 시킬 수 있습니다.

지혜가 쌓이고 기술이 진화한 덕분에 인간은 편리한 기계와 도구를 많이 만들어 냈습니다. 요즘은 대부분의 가정이 맞벌이를 해서 집안일에 쓸 시간이 많지 않습니다. 시대가 바뀌어도 하루가

24시간인 점은 똑같기 때문에 이런 기계와 도구들은 우리의 바쁜 생활에 큰 도움이 됩니다. 그렇지만 모쪼록 잘 썼으면 좋겠습니다. 편리함에 젖다 보면 우리가 갖고 있던 능력이 사라지기도 하기 때문입니다.

예를 들어, 휴대전화를 갖게 된 후로 사람들은 전화번호를 외우지 않게 되었습니다. 휴대전화가 기억해 주기 때문입니다. 예전에는 어땠나요? 친척과 친한 친구 등 적어도 전화번호 10~15개는 외우지 않았습니까? 지금은 자기 가족들 전화번호도 긴가민가하다며 농담 반 진담 반으로 말하는 사람이 적지 않습니다.

또 불과 얼마 전까지도 운전을 잘하는 사람은 길도 잘 알았습니다. 어떤 곳에 처음 갈 때는 미리 지도를 보고 '주유소 모퉁이를 끼고 오른쪽으로 돌아서 세 번째 신호등까지 간 다음 왼쪽으로 돌아서…'라고 시뮬레이션하면서 길을 외운 다음 출발했습니다. 가는 동안 틈틈이 멈춰서 지도를 보기도 하면서요. 그런데 지금은 일단 자동차에 탑니다. 그리고 내비게이션에 목적지를 꾹꾹 눌러 넣고는 내비게이션이 안내하는 대로 달려 "목적지에 도착했습니다"라는 소리가 나오면 차에서 내립니다.

이렇게 말하는 저도 내비게이션에 많이 의지합니다. 내 머리로 길을 외우고 다닌 게 언제인가 싶습니다. 같은 목적지를 두 번, 세

번 가는데도 그때마다 내비게이션을 켜니까요.

이 두 사례만으로도 우리의 두뇌가 얼마나 퇴화하고 있는지 느낌이 올 것입니다. 하지만 이런 점에 경각심을 가지고 있는 사람은 많지 않습니다. 예전에도 지금도 사람들의 생각은 같습니다. 편리한 것들이 인간의 삶을 더욱 풍요롭게 만들어 준다는 것이지요. 혹시 그 편리에 휘둘려 인간의 능력을 빼앗기고 있지는 않은지도 한번 생각해 보기 바랍니다.

여러분에게 질문을 하나 하겠습니다. 전 세계에서 3초에 한 명이 ○○○○를 겪는다고 합니다. ○○○○은 무엇일까요?

WHO(세계보건기구)에 따르면 현재 전 세계 5,500만 명 이상이 인지장애를 앓고 있고, 해마다 약 1,000만 명이 새로 인지장애에 걸린다고 합니다. 그렇습니다. ○○○○에 들어갈 말은 '인지장애'입니다.

일본에서도 인지장애의 추이를 여러 통계로 예측하고 있습니다. 어느 데이터에 따르면 2020년 기준으로 85세 이상 인지장애 유병률이 남성 51%, 여성 63%이고, 50년 후인 2070년에는 남성 70%, 여성 87%가 될 것이라고 합니다. 고령자의 증가로 인지장애 환자가 늘어나는 것이 아니라 고령자 인구에서 차지하는 인지장애 환자의 비율이 해마다 증가할 것이라는 뜻합니다.

인생 100세 시대라고하는 오늘날, 이 수치를 어떻게 봐야 할까요. 저는 전문가가 아니기 때문에 왜 인지장애 환자가 앞으로도 더 늘어날 것이라고 예측하는지 그 이유와 배경을 단정할 수는 없습니다. 다만 세상이 편리해질수록 인간의 능력이 점차 줄어든다는 것과 무관하지 않을 것이라고 생각합니다.

그럼 어떻게 해야 할 것인가. 이러한 흐름에 저항하는 방법은 없을까. 저는 스스로 규칙을 정해서 머리가 녹슬지 않도록 노력해야 한다고 생각합니다.

간단하게는 내 손으로 직접 메모를 하는 것입니다. 기억해야 할 것이 있을 때 스마트폰에 입력하는 게 아니라 수첩이나 노트에 손으로 쓰는 것이지요. 가계부를 손으로 적는 것도 좋습니다. 차를 운전하다가 신호에 걸리면 앞에 서 있는 차 번호로 덧셈을 한다는 분도 봤는데, 참으로 쉽고 재미있는 방법 같습니다.

편리한 세상이 주는 혜택과는 정반대로 우리는 우리 자신의 메모리 용량을 스스로 줄이고 있는지도 모릅니다. 그러니 이 점을 꼭 기억해 주십시오. 작은 노력이 큰 차이를 만듭니다.

알아서
안다

他不是吾
타불시오

타인은 내가 아니다

다른 사람이 한 일은 내가 한 일이 되지 않는다.

오로지 내 눈앞에 있는 것에 전념하는 것이 무엇보다도 중요하다.

몸을 써서 외운다

뭔가를 알아볼 때 인터넷으로 검색하지 말고 책이나 사전을 사용해 보길 권합니다. 제가 왜 이런 말을 하는지, 짐작 가는 데가 있지 않나요?

책이든 사전이든 한 장 한 장 종이를 넘길 때는 손으로 넘기고 눈으로 확인합니다. 그렇게 몸을 쓰면 우리 의식이 미처 인식하지 못하는 사이에 또 다른 감각도 머리로 전달될 가능성이 있습니다. 반면 컴퓨터나 스마트폰을 사용할 때는 시각만 씁니다. 실제로 제가 둘 다 경험해 봤더니 커다란 차이가 있었습니다.

저는 '안다'라는 것이 들어서 알고, 보고서 알고, 읽어서 알고, 적으며 알고, 그래서 맨 나중에는 '알아서 아는' 것이라고 생각합니다. 한마디로, 온몸으로 아는 것이지요.

예컨대 한 분야의 장인은 눈을 감고도 그 분야의 작업이 가능할 수 있을 만큼 그 일을 꾸준히 계속했기 때문에 그 위치에 오른 것입니다. 이론이 아니라 철저히 몸으로 아는 것이지요. 이것이 '알아서 안다'입니다.

하지만 컴퓨터 같은 기기를 통해서 볼 때는 다 알겠다고 생각했는데, 이내 하나도 기억이 나지 않는 경험이 누구에게나 한 번쯤 있을 것입니다. 컴퓨터 화면을 보면서 '알았다'고 생각했던 지식을 며칠 후에 말이나 글로 다른 사람에게 설명해 보라고 하면 막힘없이 술술 설명할 수 있는 사람이 그리 많지 않습니다. 조사해 보고 알아보기는 했지만 내 것이 되지 않았기 때문입니다. 내 몸과 피가 되지 않았기 때문입니다.

저 같은 승려들은 매일 아침에 독경하는 것이 습관이 되어 있습니다. '독경'이라 함은 경전을 소리 내어 읽는 것인데, 독경을 한다는 것은 부처님의 생생한 목소리를 듣는 것과 같습니다. 독경을 할 때는 그 말의 의미 같은 것들은 일절 생각하지 않습니다. 내가 경전 그 자체가 되는 순간이라고 이해하면 좋을 것 같습니다.

그렇게 독경을 하다 보면 '오늘은 목소리가 힘차게 뻗어 나오는 걸 보니 컨디션이 좋은가 보구나'라거나 '목소리가 자꾸 갈라지네. 체력이 떨어졌나? 조심하는 차원에서 오늘은 좀 여유롭게 보내야

겠다' 등 내 몸의 상태를 알아차리게 됩니다.

독경과 관련해서 좀 더 말씀드리면, 여러분도 장례 때문이든 무엇 때문이든 예불에 참여한 적이 한 번쯤은 있을 것입니다. 그 자리에서 스님의 염불을 귀로만 들을 때와 직접 목소리를 내어 함께 할 때 느낌이 다르지 않던가요? 직접 목소리를 내면 자신의 목소리가 귀를 통해 다시 들어오기 때문에 머릿속으로만 따라 할 때보다 깊게 스며듭니다. 또, 스님의 염불을 듣고 있을 때는 청각 정보만 쓰는데 내 입으로 소리를 낼 때는 시각과 청각, 내 몸의 울림, 그리고 주변의 소리까지 큰 자극이 되어 몸 전체로 그 시간을 받아들이기 때문에 다를 수밖에 없습니다.

오랫동안 건강하려면 여러 감각을 최대한 많이 사용하는 것이 무척 중요합니다. 그리고 불교에는 오감에 더해 여섯 번째 감각이 있는데, 그것은 바로 오감을 통해 느낀 것을 판단하는 '의義'입니다.

'의'까지 다 써야 비로소

불교에서는 '육식六識'이란 개념이 있습니다. 식識이란 쉽게 얘기하면 '마음'을 말합니다. 육식 중에 안식은 시각, 이식은 청각, 비식은 후각, 설식은 미각, 신식은 촉각에 해당합니다. 예를 들어 '안식'은 눈으로 보아 즐거운 마음입니다.

이렇게 '오식'으로 느낀 것을 통합해서 판단하는 것이 여섯 번째인 '의식'입니다. 이 의식이 결여된 상태를 '무육식無六識'이라 하며, 정당한 분별과 인식이 없거나 모자란 것, 더 나아가 부끄러움을 부끄럽다고 느끼지 않는 것도 이에 해당합니다.

다섯 번째까지의 식, 이른바 오감은 몸에 장착된 센서이고 오감을 통해 사물을 판단하는 마음의 움직임이 여섯 번째인 '의식'입니다. 의식이 있어야 비로소 인간이라 할 수 있으며, 이 의식은 오감을 사용해야만 가동이 됩니다. 보거나 듣기만 하고 끝내는 게 아니라 '의'까지 제대로 사용해야 비로소 '이것은 무엇일까?'라든가 '이건 정말로 재미있다!'처럼 내 안에서 진심으로 의문과 흥미가 우러나온다는 뜻입니다.

오랜 시간 자신의 업무에 전념하고 은퇴한 분들 중에는 취미가 없다, 좋아하는 걸 찾을 수가 없다고 말씀하는 분이 적지 않습니다. '의'를 사용하지 않았거나 '의'를 제대로 사용하는 법을 모르기 때문입니다.

몸을 써서 오감으로 느끼고, 느낀 것을 통합해서 자기 스스로 가치를 발견합시다. 우리의 몸과 마음에는 최신 기술조차도 어깨를 나란히 할 수 없는 우수한 센서와 판단력이 탑재되어 있습니다. 내 안에 그렇게 엄청난 힘이 있는데, 사용하지 않는다면 너무 아깝지 않습니까? 그러니 이 힘을 끝까지 끌어내어 사용해야 합니다. 그러지 않을 이유가 없습니다.

내가 행복한 이타로 산다

苦中樂 樂中苦

고중락 락중고

고통 속의 즐거움, 즐거움 속의 고통이다

괴로움 안에 즐거움이 있고 즐거움 안에 괴로움도 있다.
가난 안에도 즐거움이 있고 풍요로움 안에도 고통이 있다.
같은 책의 '운문고불로주雲門古仏露柱'라는 칙則 11안에는
'가난해도 친한 친구가 있으면 즐겁고
유복해도 친구를 잃으면 괴롭다'는 내용이 나온다.

스스로 나서서 서로에게 이익을 가져다주는 것

코로나19 이후 '이타利他'라는 말이 주목을 받고 있습니다. 《이타란 무엇인가》라는 책을 펴낸 도쿄공업대학의 '미래 인류연구센터'에서는 '이타 프로젝트'를 통해 여러 학문에서 '이타'라는 말을 재정의하기 위해 다양한 활동을 하고 있다 합니다.

우리는 모두 2020년 봄부터 약 3년 동안, 지금까지 경험해 보지 못한 시간을 보냈습니다. 그전까지는 누군가를 만나고 싶으면 만나고 밥을 먹고 싶으면 밥을 먹고 함께 움직였습니다. 당연하게요. 그러나 신종 코로나 바이러스의 감염 확대 때문에 그 당연했던 것들을 하나도 하지 못하게 되었습니다.

---

11 깨달음을 구하기 위해 참선하는 수행자에게 본보기가 되는 부처나 조사의 파격적인 문답이다.

사람들과의 만남이 강제로 제한되면서 사람들은 다른 사람과 함께하는 시간이 얼마나 소중한지 통감하게 되었습니다. 그때까지는 의식조차 하지 않았던, 내가 내 자신이 아닌 다른 존재와 얼마나 소통을 원하는지를 알게 되었습니다. 심지어 그 존재들에게 감사한 마음도 갖게 되었고요.

혼자만의 시간을 보내면서도 다른 사람과의 관계를 돌아보기 시작했다…. 저는 이것이 '이타'라는 말이 주목을 끌게 된 배경 중 하나라고 생각합니다.

아는 분도 많으리라 생각하는데, '이타'라는 말은 불교에서 왔습니다. 《슈쇼기修證義[12]》에 나오는 말로 '이타'를 한번 설명해 보겠습니다. 이 경전에는 우리 중생이 불도의 길을 걸을 수 있도록 보살이 알려 주는 네 가지 행위인 '사섭법四摂法'이 기록되어 있는데, 사섭법은 누구든지 행할 수 있는 것들입니다.

1. 보시布施: 진리를 가르쳐 주고 재물을 기꺼이 베푸는 일
2. 애어愛語: 사람들에게 항상 따뜻한 얼굴로 대하고 부드러운 말을 하는 일

12 일본 조동종의 경전 중 하나이다.

3. 이행利行: 신체의 행위, 언어 행위, 정신 행위 등 3업에 의한 선행으로 사람들에게 이익을 주는 일

4. 동사同事: 보살이 중생과 일심동체가 되어 협력하는 일

세 번째 '이행'이 바로 '이타'입니다. 《슈쇼기》의 '이행' 부분을 아래에 인용해 보겠습니다.

이행이라 함은 귀천의 중생에게 이익의 선교를 궁리하는 것으로, 곤란한 거북이나 상처 입은 참새를 보았을 때 감사를 기대하지 않고 오로지 그 대상을 이롭게 하도록 최선을 다해 행동하는 것이다. 어리석은 사람은 이타를 우선으로 하면 내 이익이 줄어들 것이라 생각하겠지만 그렇지 않다. 이행은 하나의 법이고, 나와 다른 사람을 널리 이롭게 한다.

한마디로, '붙잡혀서 불안해하는 거북이나 병에 걸린 참새를 보면 누구나 보답을 바라지 않고 구할 것이다. 즉 이행이란 자신과 남을 구분하지 않고 서로에게 이익을 가져오는 것이다'라는 뜻입니다.

'이행'은 '이타행利他行'의 줄임말입니다. 이타 또는 이타적이라고

하면 '자신을 희생해서 다른 사람에게 이익을 주거나 다른 사람의 행복을 바라는 것'이라고 생각하는 사람이 많은데, 불교에서 '이타'라고 할 때는 '자신을 희생해서'라는 뉘앙스가 없습니다.

나만 참으면 풍파가 일어나지 않는다. 내가 괴롭더라도 주변 사람들이 다들 좋다면 그걸로 됐다. 속으로는 싫고 솔직히 괴롭지만, 그 마음을 꿀꺽 삼키고 직장에서든 가정에서든 주변 사람의 언동과 안색, 기분을 우선해서 살고 있다면 그것은 결코 이행이라 할 수 없습니다. 더구나 상대에게서 감사나 보답을 기대하고 있다면 그것은 '이타 행위 흉내'이지 이행利行이 아닙니다.

진짜 이행이고 이타란 기쁜 마음으로 다른 사람에게 진심을 다하는 것이고, 자기 스스로 마음이 생겨서 다른 사람을 위해 하는 행동입니다. '기쁜 마음으로', '자기 스스로 마음이 생겨서' 해야 비로소 '서로에게 이익이 되는' 것입니다.

일본어에서 '이익利益, りえき'을 '리에키'라고 읽는데, 불교 용어로서의 '이익'은 '리야크'라고 읽으며 의미도 조금 다릅니다. '리에키'는 경제 활동을 통해 얻은 이익이라는 뜻이지만 '리야크'는 '이利가 있다'입니다. 여기서 말하는 '이'란 은혜, 은총, 자비를 주는 모든 행위를 말하며 은혜, 은총, 행복 그 자체를 뜻하기도 합니다.

이처럼 《슈쇼기》에는 스스로 기쁘게 나서서 다른 사람을 위한 행동을 하면 서로가 행복하게 된다는 가르침이 담겨 있습니다.

코로나 19가 장악했던 3년 동안 슬프거나 고통스러운 시간을 오래 겪은 분도 계실 것입니다. 그러나 '선'에서는 부정적인 사건도 플러스로 바꿔서 생각합니다. '선'식 사고로 보면 이 3년은 우리에게 다른 사람과 함께 살아가는 것이 얼마나 놀라운 일인지, 얼마나 필요한 일인지 다시금 알려 준 시간입니다.

저는 그 시간 덕분에 우리에게 진정한 이행을 이루는 토대가 마련되었다고 생각합니다. 그 누구도 자신을 희생하는 일 없이, 여러분도 행복하길 바랍니다. 그래서 주변 사람들도 행복하게 해 주십시오.

진짜를 경영한다

喜捨 희사

기쁘게 내놓는다

희사喜捨'란 글자 그대로 기쁘게 보시한다는 뜻으로,
평범한 사람들이 보답을 바라지 않고
금품이나 재물을 자발적으로 기부하는 행위이다.

'경영'은 사람을 위한 것

'이익'이 불교에서 유래한 말이라고 설명했는데, '경영'이라는 말도 그렇습니다. 경영의 '경經'은 경전經典의 '경'과 같은 한자입니다. 경전은 이 세상의 진리, 즉 석가모니 부처님의 소중한 말씀이 적혀 있는 책이라 낱낱이 뜯겨 없어지지 않도록 옛날에는 실로 단단하게 묶어 연결했습니다. 그래서 그래서 '經(경)'이라는 글자에는 '糸(실 사)'가 들어 있습니다.

다시 말해 '경영'이란 세상의 진리를 실천해서 사람들에게 도움이 되는 일을 한다는 뜻입니다. 그렇게 경영을 계속하다 문득 뒤를 돌아보면 회사나 기업 같은 조직이 만들어져 있을 것이라는 의미고요. 그러니까 기업의 발전은 경영의 목적이나 목표가 아니며 나중에서야 결과로 뒤따라오는 덤 혹은 포상 같은 것입니다.

그런데 현대는 반대로 된 것 같습니다. 회사를 세우고 싶다, 회사를 크게 키우고 싶다가 무엇보다 먼저가 되었습니다. 경영이란 말이 완전히 다른 것으로 둔갑해 버렸나 싶을 때가 적지 않습니다.

'세상에 공헌을 했더니 회사의 이익과 발전으로 이어졌다.' 이처럼 본질적 의미로 경영을 해 낸 사람이 있으니, 바로 쿄세라와 다이니덴덴의 창업자였던 이나모리 가즈오稲盛和夫씨입니다.

이나모리 씨는 쿄세라를 은퇴하자마자 임재선臨済禅[13]으로 출가했습니다. 하지만 득도得度[14]해서 수행에 들어가려고 했을 때 암이 발견되었습니다. 수술 등 여러 치료를 받고 이나모리 씨는 다시 교토에 있는 임재종 묘심사파妙心寺派의 원복사円福寺 문을 두드렸습니다. 그러고는 승명으로 '다이와大和'를 받고 수행을 했습니다.

관서 지역의 재계에서는 이미 그의 이름도 얼굴도 모르는 사람이 없을 만큼 대실업가였던 이나모리 씨가 코끝이 매섭게 추운 어느 겨울날, 탁발할 때의 일입니다.

삿갓을 쓰고 두타대[15]를 목에 걸고 맨발에 짚신을 신은 이나모리 씨가 선배 수행승과 함께 익숙지 않은 탁발 수행을 하고 있는데, 멋진 슈트를 차려입은 남성이 못 본 척하며 지나가더랍니다.

---

13 중국 선종의 5가 가운데 하나인 임제종과 그 개창자인 임제의현의 선풍이다.
14 삭발을 하고 계율을 지킨다는 맹세를 하는 의식이다
15 수행자가 목에 걸고 다니는 자루이다.

시간은 흐르고 걸어 다니느라 신발은 해져서 발가락에는 피가 비치고… 젖은 솜처럼 무거워진 몸을 질질 끌다시피 해서 절로 돌아갈 때였습니다. 공원을 청소하고 있던 젊은 여성이 아무렇지도 않게 지갑에서 500엔을 꺼내 두타대에 넣어 주었습니다. 이나모리 씨는 그때의 500엔만큼 귀한 돈이 없었대요. 거액의 부를 쌓은 이나모리 씨가 평생 잊지 못할 감사의 마음을 갖게 한 돈이 겨우 500엔이라니요.

삿갓을 벗고 얼굴을 보이며 "이나모리입니다"라고 했다면, 그 부유해 보이던 남성도 1만 엔이든 그 이상이든 얼마든지 돈을 집어넣었을지 모릅니다. '이나모리 씨에게 보시를 하면 나중에 좋은 일이 생길지 몰라' 같은 손익 계산이 작용할 수 있으니까요. 하지만 공원에서 만난 여성이 희사했던 500엔은 순수한 마음이 깃든 그야말로 이타의 행위였습니다.

그 뒤 이나모리 씨는 주지 스님으로부터 "불교에서 얻은 가르침을 원래 살던 세계에 돌아가서 실천하세요"라는 말씀을 듣고 자신의 자리로 돌아와 상장 폐지와 도산 위기를 겪고 있던 일본항공을 재건했고, 다이니덴덴을 창업해 현재의 KDDI[16]를 성공으로 이끌었습니다. 그의 수행이야말로 진정한 의미의 '경영'이었습니다.

16 일본에서 가장 큰 통신사 중 하나이다.

옷자락을 나누는 기쁨

自未得度先度他

자미득도선도타

자기 구원을 아직 이루지 못했으나 먼저 남을 구원한다

부처님의 경지에서 산다는 것은 자기본위自己本位를 버린다는 것이다.
즉 자기감정이나 이익 등을 먼저 생각하는
자기중심의 마음을 말끔히 버리고
다른 사람, 다른 생명을 위해 온 힘을 다하는 삶의 방식이다.

보시행布施行의 본질

재해 대국인 일본에서는 재해가 발생할 때마다 기부를 호소하는 목소리가 커집니다. 또한 최근에는 인터넷을 이용한 크라우드 펀딩도 활발해서 많은 사람이 쉽게 기부를 할 수 있게 되었습니다

일본펀드레이징Fundraising 협회의 조사에 따르면 2020년 일본의 개인 기부 추산 총액은 대략 1조 2,000억 엔입니다. 이는 10년 전의 2.5배로, 일본인의 약 45%가 어떠한 형태로든 기부를 하고 있음을 의미합니다. 이러한 배경에는 고향납세[17]나 기부를 촉진하는 세제 정비 등 제도적인 요인도 있지만 코로나19를 겪으면서 우리는 모두 연결되어 있고, 서로 도우며 살아야 한다는 인식이 높아졌

17 일본에서 2008년 5월부터 지방 활성화를 위해 만든 기부금 세제의 하나이다.

기 때문이라는 의견도 있습니다.

한편 일본 내각부의 조사를 보면, 사회에 공헌하고 싶다고 대답한 일본인의 비율이 60~70%를 꾸준히 유지하고 있다고 합니다. 일본인들에게 높은 사회공헌 의식이 조성되어 있다는 증거입니다. 그런데 이러한 조사 결과를 보다가 저는 조금 의문이 생겼습니다.

같은 조건에서 조사를 한 게 아니라서 그럴 수도 있지만, 실제로 기부를 하는 사람과 사회에 공헌을 하고 싶다고 생각하는 사람의 비율에는 약간의 격차가 있었습니다. 기부라고 하면 뭔가 대단한 것, 엄청난 액수를 내야 한다고 생각해서일까요? 그래서 다른 사람에게 도움이 되고 싶다는 마음이 있어도 실제로 행동으로 옮기지 못하는 사람들이 생각보다 많을지도 모르겠습니다.

다시 《슈쇼기》의 한 구절을 소개해 보겠습니다.

> 보시라는 것은 탐하지 않는 것이다. 다른 이들의 보시를 방해하는 것도 탐하는 것이며, 보시하는 자의 공덕과 보시받는 자의 얻음을 방해하지 않는 것이 보시의 도리다. 보시의 가벼움을 못마땅해하지 말고 어떤 보시도 공덕의 열매가 되도록 해야 한다. 그렇다면 곧 한 구句(불교의 글 또는 문장) 한 게偈(부

처의 공덕을 칭송하는 시)의 법도 보시해야 이생此生과 타생他生의 좋은 씨앗이 된다. 한 푼, 한 풀의 재산도 보시해야 이생과 타생의 좋은 뿌리가 싹 튼다. 법도 재산이 되고 재산도 법이 된다. 단지 다른 사람으로부터의 감사를 탐하지 말고 스스로가 그 힘이 되는 것을 나눈다. 배를 놓아 두고 다리를 놓는 것도 보시 자체다. 생활을 편안하게 하고 생계를 이룩하여 생을 살게 하는 모든 것에 원래 보시가 아닌 것이 없다.

'보시행을 할 때는 탐내는 마음을 갖지 않고, 무엇이든 자신의 것으로 하고 싶다는 마음에서 멀어지는 것이 중요하다'라는 이 글에서 특히 '가벼움을 못마땅해하지 말고'라는 부분을 주목해 주십시오. 베푸는 것의 가벼움(양이 적음)은 문제가 되지 않으며, 보시하는 마음이야말로 무엇보다 귀중하다는 것입니다. 즉 작고 하찮은 것일지라도 내어 주는 것 자체가 감사한 일이고, 그것을 받는 것 또한 기쁜 일이라는 것이지요.

일본어에 '오스소와케お裾分け'라는 말이 있습니다. 일본인들은 자주 쓰는 말입니다. 어떤 때 이 말을 쓰느냐 하면, 만약에 친척이 사과를 많이 보냈다고 합시다. 우리 가족끼리 먹기에는 양이 너무 많아요. 그쪽에서는 우리를 특별히 생각해서 보냈을 텐데, 이렇게

나 많으니 큰일입니다. 열심히 먹어도 몇 개는 썩어서 못 먹는 게 생길 것 같습니다. 어떡할까요?

이럴 때 일본인들은 친한 사람이나 이웃에게 "오스소와케입니다!"라고 말하며 건네주곤 합니다. '오스소와케'라는 말의 '스소'는 옷의 아래쪽, 글자 그대로 옷자락을 의미합니다. 또 물건의 아랫부분이나 가장자리, 끄트머리를 가리키기도 합니다. '오스소와케'는 금전적인 가치에 관계없이 '옷자락'을 나눈다는 뜻으로, 보시행의 마음을 잘 표현한 아름다운 말입니다. 이러한 독특한 어휘가 있다는 것은 예로부터 일본인에게 보시행의 본질이 새겨져 있다는 증거라고 저는 생각합니다.

'오스소와케'를 한 사과는 잼이 되어 나에게 되돌아오기도 합니다. 서구식 사고방식이라면 100엔이 갔으니 100엔의 가치가 있는 것으로 되돌아올 것입니다. 서구에서는 금전적으로 동등한 것을 주고받으니까요. 그러나 일본에서는 오스소와케로 받은 사과를 잘게 썰고 푹 끓입니다. 받은 것에 더해 자신의 정성과 시간을 나누려는 것이지요. 바로 여기, 이런 생각에 큰 가치가 있습니다.

한편, 기부라는 행위는 어려운 상황에 빠진 다른 사람을 도울 뿐 아니라 그 이상의 힘도 발휘하곤 합니다. 기부는 기부를 한 본인 자신에게도 심리적·신체적으로 좋은 영향을 줄 가능성이 있다는 유명한 실험 연구가 있습니다. 실험 연구에 참여하고 받은 돈을 자신을 위해 쓴 그룹보다 다른 사람을 위해 쓴 그룹이 행복감에서 높은 상승을 보였다고 합니다. 금전적인 이득보다 받은 사과를 다시 잼으로 만들어 나눈 것처럼 서로에게 주고받은 따뜻한 마음이 더 의미 있다고 느꼈기 때문이겠지요.

따뜻한 마음으로 소통한다는 의미는 '오칸죠가키お勘定書き(계산서)'에도 스며 있습니다. 식당에서 주는 계산서를 '오칸죠가키'라고 하는데 '손님은 이러이러한 것들을 드셨습니다'라는 항목이 적혀 있는 것입니다. 그런데 오칸죠가키는 청구서와 그 의미가 상당히 다릅니다.

청구서는 서비스를 받은 대가로 지불해야 하는 금액이 적혀 있는 것입니다. 그러나 오칸죠가키는 '변변치 못한 곳에 이렇게 와주셔서 감사합니다. 손님께서 드신 음식의 내역은 이러합니다'라고 알리는 것입니다. 오칸죠가키를 받은 손님은 '그렇다면 이만큼 드리겠습니다'라며 정중하게 돈을 내밉니다. 서로에 대한 배려가 밑바탕에 있는 것이지요.

요즘은 오칸죠가키도 청구서도 인보이스도 비슷하게 쓰이고 있지만, 그래도 역시 마음으로는 오칸죠가키처럼 양쪽을 다 배려하는 소통을 하고 싶습니다.

돈이 필요치 않은 일곱 가지 나눔

喜色動乾坤

희색동건곤

즐거움은 천지를 움직인다

기쁨이 가득한 사람은 천지를 움직일 정도의 힘을 갖고 있다.
온화하고 즐거운 표정을 짓는 사람에게는
언제나 많은 사람이 모여든다.

보시를 순환시킨다

보시행에 대해 좀 더 이야기를 해 보겠습니다. 여러분도 아시겠지만, 돈만 기부할 수 있는 것은 아닙니다. 애정 어린 말을 건네거나 곤경에 처한 사람에게 손을 내밀거나 상대의 입장에서 말을 하고 행동을 하는 것도 모두 보시행입니다. 예를 들면, 저희 같은 승려에게는 올바른 삶의 태도나 사고방식을 전파하는 것 또한 보시입니다.

앞에서 보시행을 설명했을 때 인용했던 《슈쇼기》의 한 구절을 떠올려 주십시오. 그 인용글 끝에는 '배를 놓아 두고 다리를 놓는 것도 보시 자체다'라는 말이 있습니다. 모두가 강을 안전하게 건널 수 있도록 배를 놓아 두거나 다리를 놓아 주는 것도 대가를 바라지 않은 훌륭한 보시라는 의미입니다. 그러니 '다만 다른 사람으로부터의 보답을 탐하지 말고'라는 말처럼 은혜를 받은 쪽도 보답을 하려 해서는 안 됩니다.

이 점을 가슴 깊이 새기고 내 주변을 돌아보면 얼마든지 보시를 할 기회가 있습니다. '돈이 없어서 보시를 할 수 없다, 기부를 할 수 없다'가 아닌 것이지요. 이타는 언제나 가능합니다. 무리하지 말고 내가 할 수 있는 범위에서 주변에 도움이 될 것은 없는지 살펴봐 주십시오. 집 앞을 청소하는 것도 훌륭한 보시행입니다.

불교에서는 마음을 담아 보시하는 것을 가장 중요한 수행의 하나로 여깁니다. 그리고 재산이 없어도 혹은 불교에 대해 알지 못해도 할 수 있는 일곱 가지의 보시가 있습니다. 이를 '무재칠보시無財七報施'라고 합니다.

1. 안시眼施 – 부드러운 눈빛으로 대하기
2. 화안시和顔施 – 밝게 웃는 낯으로 대하기
3. 언사시言辭施 – 부드러운 말로 대하기
4. 신시身施 – 자신의 몸을 움직여 봉사하기
5. 심시心施 – 다른 이를 위해 마음 쓰기
6. 상좌시床座施 – 때와 장소에 맞게 자리 양보하기
7. 방사시房舍施 – 머물 곳이 없는 이에게 잘 곳 내어 주기

이러한 칠보시는 빈부에 구애 없이 누구나 할 수 있습니다. 내어 주었다 해서 내가 가진 것들이 줄어드는 것이 아닙니다. 앞에서 《슈쇼기》를 통해 '기쁘게 스스로 나서서 다른 사람을 위한 행동을 하면 서로가 행복하게 된다'는 말씀을 드렸습니다. 이처럼 보시는 커다란 기쁨으로 돌아옵니다.

이러한 보시가 돌고 도는 세상이라면 얼마나 행복할까요? 생각만 해도 미소가 지어집니다.

명랑하게 인생의 비탈길을 내려간다

諸惡莫作
衆善奉行

제악막작
중선봉행

어떤 악도 짓지 말고 모든 선을 받들어 행한다

'칠불통계게七佛通戒偈'[18]의 맨 앞에 나오는 시구이며
불교의 근간을 담은 가르침이다.
석가모니 부처님 이후에 전해지는 시구 중에서도 가장 중요하다.

한 걸음의 성장보다는 반걸음의 성장을

'선'의 가르침은 '내가, 내가'라는 '자아'를 버리는 것을 지향한다고 제가 이 책을 통해 계속 말씀드리고 있습니다. 그리고 이 자아와 관련된 과제는 개인의 수준이 아니라 전 지구의 이슈인 환경 문제로 이어지기도 합니다.

예를 들면, 전 세계에서 플라스틱 쓰레기가 연간 800만 톤이나 발생하고 있습니다. 해양 쓰레기 중에서도 플라스틱 쓰레기는 특히 더 오랫동안 바다를 떠돌아다니는데, 이런 상태가 계속된다면 2050년에는 전 세계 바다에 물고기보다 쓰레기가 많아질 거라며

18 과거 일곱 분의 부처가 공통으로 주신 가르침을 담은 4자 시구로, 총 16글자이다. 석가모니 부처님 이전에 출현한 여섯 분의 부처에 석존을 보태어 과거 7불이라 한다.

많은 사람들이 걱정하고 있습니다.

이러한 상황에서, 마트 같은 곳에서 구입한 물건을 담아 가라고 무료로 주던 비닐봉지가 유료화된 것은 그나마 다행입니다. 많은 나라에서 이런 정책을 실시하고 있고, 물건을 사러 갈 때 에코백이나 장바구니를 가져가는 사람이 부쩍 늘었습니다. 환경 문제는 국가와 지자체, 기업 차원만이 아니라 우리 한 사람 한 사람의 의지와 행동이 중요하다고 알리고 호소한 덕분이라고 생각합니다.

좀 더 많이 갖고 싶어 하고, 조금 더 큰 발전을 바라고 바란 결과 우리가 사는 지구는 이미 한계에 다다랐다는 것이 일반적인 인식입니다. 그런데도 작은 성장보다 월등히 뛰어난 성장을 바라는 마음, 군계일학처럼 나 혼자 뛰어나고 싶은 마음을 누르고 사는 것은 여전히 어려운 일임을 날마다 절감합니다.

공평하지 않은 발전은 어딘가에서 반드시 문제를 일으킵니다. 큰 부를 얻고 크게 웃는 사람의 그늘에는 울고 있는 사람이 있습니다. 누군가가 크게 이길 수 있었던 것은 어딘가의 누군가가 크게 졌기 때문입니다. 그런 것보다는 우리 모두가 조금씩, 즉 큰 한 걸음이 아니라 작은 반걸음씩 함께 나아갈 수 있는 사회가 되면 얼마나 좋을까 생각해 봅니다.

특히 고도 경제 성장기의 수혜를 받은 분들이 젊은 세대의 본보기가 되어 주시길 진심으로 바랍니다. '좀 더, 좀 더'를 추구해 오늘날의 풍요로운 나라를 만든 세대는 이제 자신의 노년과 마주해야 합니다. 지금까지 말씀드렸듯이, 나이가 들면 다양한 상황에서 잘 되지 않는 일들이 늘어날 것입니다.

그런 내리막길에서도 작은 성취가 가능한 날들을 보내면 좋겠습니다. 반걸음의 성장을 기뻐하며 명랑하게 지낼 수 있으면 좋겠습니다. 현역에서 물러났기에 비로소 가능한 이러한 모습은 젊은 세대에게 커다란 선물이 될 것입니다.

어떻게 내려갈 것인가. 내가 내려가는 이 길이 다음 세대 사람들에게 이정표가 될 수 있다고 깊이 생각하고 실행해 보세요. 그것은 인생 선배로서 하는, 여러분 인생 최후의 대규모 프로젝트일지 모릅니다.

커다란 원을
미래로 이어간다

牛飲水成乳
우음수성유
蛇飲水成毒
사음수성독

소가 물을 마시면 우유를 만들고, 뱀이 물을 마시면 독을 만든다

같은 물을 마셨는데 한쪽은 우유가 되고 한쪽은 독이 된다.

이 세상의 진리는 하나이나 그 작용은 다양하다.

함께 산다는 것

어쩌면 지금부터 말씀드리는 것은 듣기에 그리 유쾌하지 내용일지도 모르겠습니다. 그렇더라도 부디 귀를 기울여 주시길 바랍니다.

그동안 우리 인간은 지구를 인간의 것으로만 생각하고, 우리 마음대로 해도 된다고 생각했습니다. 좀 더 솔직히 말하면, 지구의 모든 자원을 경제 활동의 도구로 써먹어도 된다고 할 만큼 거대한 오만함을 갖고 있었습니다. 그것이 큰 잘못이었음을 이제는 많은 사람이 깨닫고 있습니다.

'공생共生'이란 말은 여러 분야에서 사용하는데, 특히 생물학이나 생태학 쪽에서는 서로 다른 종의 생물이 생리적으로나 생태적으로 긴밀한 연결성을 유지하면서 함께 생활하는 현상을 가리킵니다. 소라게와 말미잘처럼 두 종 모두에게 이익이 되는 관계를 상리공생, 상어와 빨판상어처럼 한쪽 생물만 이득을 얻고 다른 쪽은 이득도 없고 해도 없는 관계를 편리공생이라고 합니다.

불교에서도 '공생'이라는 말을 씁니다. 다만 한자의 뜻을 살려 '함께 살기'라고 하는데, 모든 것은 서로 관계를 맺으며 존재하고, 과거에서 현재 그리고 미래로도 이어지고 있다는 생각이 반영된 말입니다.

우리는 우리 인간이 모두 다른 사람이기 때문에 한 명 한 명 다 따로 존재한다고 생각합니다. 게다가 프라이버시를 중요하게 여기는 요즘은 옆집에 누가 사는지도 잘 모릅니다. 또 세계 여기저기에서 벌어지고 있는 전쟁과 내전, 비참한 테러도 나와 관계없는 일이라며 무심히 넘기기 일쑤입니다. 그러나 이제는 모든 생명의 끝없는 상호 연결성을 알았으니 '함께 살기' 쪽으로 시선을 돌려야 합니다.

불교에서는 우리 인간을 포함해 세상 모든 만물이 무한히 펼쳐지는 인연 안에 있으며, 그렇기 때문에 어느 하나 단독으로 존재하는 것이 없다고 봅니다. 천지의 모든 만물은 모두 연결되어 서로 의지하며 존재한다. 즉 '만법일체万法一体'다. 이것이 불교의 가르침입니다.

동그라미를 그려 보면 이해하기 쉬울 것 같습니다. 원은 평면 위의 한 점으로부터 같은 거리에 있는 점들을 연결해야 그려집니다. 그 점 하나가 여러분 자신이라고 생각해 보십시오. 원에서 어느 한 점이 빠지겠다고 하고, 또 다른 원들도 빠지겠다고 하면 연결이 끊어져 원이 더 이상 원이기가 어렵습니다.

이미 오래전에 기성세대가 된 분들은 나날이 심각해지고 있는 지구 환경 문제를 회피하고 싶을지도 모르겠습니다. 앞으로 20년, 30년쯤은 지구가 어찌 됐든 참고 견뎌 주지 않을까 하면서요.

그러나 불교의 '함께 살기'의 관점에서 생각해 주시기 바랍니다. 앞으로 태어날 아이들은 2100년 이후의 지구에서 살아야 합니다. 방호복 같은 것을 상시 착용하지 않으면 이 지구에서도 살 수 없을지도 모릅니다. 공상과학 소설처럼 들리겠지만 결코 섣부른 이야기가 아닙니다. 현실이 그렇습니다. 이런 위기가 바로 코앞까지 다가왔습니다. 과거에서부터 현재까지 이어져 내려온 커다란 원을 미래로도 이어갈 엄중한 책무가 이 시대를 살고 있는 우리 손에 달렸습니다.

회피하는 세대와 피해를 입을지도 모르는 세대. 이 양자가 함께 사는 지금이 '현재'라 부르는 시대입니다. 그러니 이 지구가 우리 세대만의 것인 양 멋대로 살아서는 안 되겠지요.

제안을 하나 하면, '지구에 살고 있다'가 아니라 '지구에 살게 됐다'고 인식을 바꾸어 보십시오. 쓰레기를 버리는 방식이나 식재료 사용법 등 생활 곳곳에서 자세가 바뀔 수도 있을 것입니다. 그리고 이러한 작은 깨달음과 실천이 켜켜이 쌓이면 미래를 살아갈 모든 것들과 공생할 수 있는 발판이 마련될 것입니다.

모든 것을 다 쓴다

杓底一残水 汲流千億人

표저일잔수 급류천억인

국자 바닥에 남은 물도 흘러가면 많은 사람에게 은혜가 된다

도겐 선사는 매일 아침 부처님에게 공양하는 맑은 계곡물을 길 때

공양 그릇에 물을 따르고

국자 바닥에 남은 물은 하류에 사는 사람들을 위해

반드시 계곡으로 다시 부었다.

몸소 사물을 소중히 하고 음덕을 쌓는 일이 중요함을 보여 준 것이다.

무 하나도 허투루 대하지 않는다

이 세상에 태어난 사람은 충만히 다 살아내는 것이 중요하다고 앞서 '오갈장과 오할용'에서 말씀드렸습니다. 그 생각을 머릿속에 넣고 살면 요리를 하는 방식을 비롯해 생활 속 모든 행동이 바뀌지 않을까 싶습니다.

사찰에서는 버려지는 식재료가 거의 없습니다. 예컨대 무의 잎(무청)은 말려서 시래기를 만듭니다. 볶거나 국을 끓이는 데 쓰면 맛이 정말로 훌륭합니다. 이 외에도 일반적으로 잘 먹지 않거나 버려지는 채소의 자투리도 모두 말립니다. 이것들도 버섯이나 다시마와 함께 국물을 만들 때 넣을 수 있는데, 깊은 맛이 정말로 일품입니다. 말린 채소 자투리를 활용하는 방법은 이 외에도 아주 많습니다.

우리는 지구와 지구에 살고 있는 동식물 덕분에 살고 있습니다. 그러므로 주위의 생명을 함부로 대하지 않아야 하며, 부득이하게 지구의 자원을 사용할 때는 허투루 버리는 것 없이 모두 다 써야 합니다. 버려지는 식재료와 쓰레기 모두 줄이라는 뜻입니다. 이런 노력은 1인 가구도 가능한 일이라고 생각합니다.

제가 있는 절은 공간이 좀 있어서 그나마 조금 나오는 음식물 쓰레기들을 모두 땅에 묻고 있습니다. 이렇게 하면 음식물 쓰레기가 비료가 되어 새로운 생명을 낳는 토양이 되거든요. 작은 규모지만 큰 비용이 들지 않는 순환 사이클이 만들어지는 것이지요.

요즘은 집집마다 여러 편리한 기계와 도구들이 많습니다. 예컨대 채소와 고기, 생선 등을 오랫동안 신선하게 보관하는 냉장고가 있어서 아무 때나 꺼내 쓸 수 있습니다. 그런데 인간은 이처럼 편리함을 한번 경험하게 되면 불편했던 과거로 역행하는 것이 거의 불가능합니다.

냉장고와 청소기, 식기세척기, 로봇청소기… 집안일을 편리하게 만들어 주는 이런 기계들을 사용해서는 안 된다고 말하려는 게 아닙니다. 맡길 수 있는 부분은 기계에 맡겨도 괜찮습니다. 그렇더라도 싱크대를 깔끔하게 하거나 식탁과 책상을 정리 정돈하는 등 아직은 사람의 손을 써야만 하는 부분이 여전히 많습니다.

그리고 기계가 아무리 진화해도 결코 할 수 없는 것은 '감사하며 끝까지 다 쓴다'는 마음가짐은 가질 수 없다는 점입니다. 기계로 할 수 없는 부분이야말로 우리 인간이 해야 할 몫입니다.

2022년, 일본에서 실시한 환경 의식 조사에서, '환경과 사회를 배려해서 행동해야 한다고 생각합니까?'라는 질문에 전체의 60%의 사람이 '그렇다'고 대답했습니다. 흥미로운 점은 20~50대는 이 수치가 50%대에 그쳤지만 16~19세 청소년은 68.5%나 된다는 것입니다. 이는 70대의 68.9%에 근접한 수치입니다. 즉 환경 문제를 자신의 일로 여기고 위기감을 느껴 적극적으로 움직일 준비가 된 젊은 세대가 많다는 뜻입니다.

기성세대는 지금까지 지구의 자원을 마음껏 사용했습니다. 지구의 자원을 무작정 가져다 쓰고 무분별하게 버리는 태도, 이런 나쁜 유산을 다음 세대에 물려주어서야 되겠습니까? 은혜를 입은 사람들, 그러니까 기성세대가 이런 인식을 가지고 젊은이들의 의견과 행동에 주목하며 최신 정보를 매일 배워 나갈 필요가 있다고 생각합니다.

긍정적인 정리를 시작하는 방법

而今 이금

지금

절대로 변하지 않는 생명의 진실은 '지금'밖에 없다는 것이다.

그러니 '지금'을 소중하게 살아야 한다.

기력, 기억력, 판단력이 있는 동안에

해마다 대여섯 분이 생전에 법명法名을 받고 싶다며 저에게 상담을 오십니다. 법명은 계명戒名이라고도 하는데, 말하자면 부처님 법에 귀의한 사람이라는 뜻입니다. 나이 들어 혼자 살게 된 분이나 젊어서부터 쭉 독신이었던 분이 늘어나면서 계명과 관련된 상담 건수도 더욱 늘고 있는 것 같습니다.

그중에서도 잊지 못할 분이 계신데, 살아생전 저희 절에 시주를 해 주시던 부부의 따님이었어요. 평생을 자기 일에 자부심을 느끼고 열심히 살았는데 어느 순간 불안해지더랍니다. 만일 자신이 어디서 쓰러져 다시 일어나지 못한다면 누가 자기를 부모님 곁에 묻어 줄 것인가 싶더래요. 형제자매가 한 명도 없는 외동딸인 데다 자녀도 없으니까요.

저는 상담 후에 이분께 법명을 드리고, 영대공양永代供養[19]에 대한 절차 등 모든 것을 다 설명하고 준비해 드렸습니다. 저희 절에서는 법명을 받은 분들에게 '이 카드를 갖고 있는 사람이 사망했다면 저희 절에 연락해 주십시오'라고 적힌 카드를 드리고 있습니다. 그걸 몸에 지니고 있으면 만일의 경우에도 틀림없이 저희에게 연락이 옵니다.

또 기억에 남는 분이 있습니다. 이분은 남편이 세상을 떠나고 자녀 없이 혼자 살다가 본인 집에서 돌아가셨습니다. 외딴집이라 주변에서도 전혀 알아차리지 못했기에 시간이 꽤 지나서 발견되었습니다. 친척들과 교류도 없었는지 유골은 지자체에서 정리를 했고, 집은 경매에 넘어가 결국 헐리게 되었다고 합니다.

그런데 건물 해체 공사를 위해 집 안에 들어갔던 업자분이 불단佛壇이 있는 것을 보고 이걸 어떻게 정리하는 게 좋을까 고민하다가 불단 서랍을 열었는데, 저희 절의 안내서가 나왔다는 겁니다. 그래서 황급히 절로 전화를 걸었다고요. 이분보다 먼저 시市의 관계자와 변호사 등 여러 사람이 건물 내부를 조사했겠지만 미처 못 봤었던가 봅니다. 덕분에 이제 이분과 관련된 것은 먼저 가신 남편

---

19 돌아가신 분의 기일 등에 절에서 제사를 지내 주는 것이다.

분이 계신 봉안당에 함께 모시는 일만 남았습니다.

자녀도 하나만 있거나 낳지 않는 사람이 늘고, 사회는 더욱 고령화되고 있는 시대입니다. 이러한 경우는 앞으로 한층 늘어날 것으로 예상됩니다. 물론 가족이 있는 분들도 만일의 사태를 대비해 남은 사람들이 힘들지 않도록 법적 효력이 있는 유언장을 마련해 두는 편이 좋습니다.

저는 사람들에게 기력, 기억력, 판단력이 있는 동안 이런저런 준비를 하라고 자주 말씀드리고 있습니다. 이 셋 중에서 어느 하나라도 잃게 되면 준비를 하는 것이 생각처럼 쉽지 않습니다. 좀 이른 게 아니냐고 하는 분들도 계시겠지만, 그때가 언제 올른지는 아무도 모릅니다.

법무사나 변호사 혹은 상조회사 등에 토지나 건물 등의 매각을 부탁할 때, 매각하고 남은 돈을 어떻게 할 것인가 하는 부분까지 결정해 두십시오. 그렇지 않으면 모두 국가의 귀속 처리가 됩니다. 물려줄 친척이 없다면 본인이 괜찮게 생각하는 기관이나 단체 등에 기부하는 것도 좋겠지요. 나의 뜻이 기부를 통해 계승될 것입니다.

이처럼 내가 가고 난 뒤에 남은 돈을 어떻게 썼으면 하는지, 어디에 기부를 할지 생각하다 보면 본인이 무엇을 소중히 여기고 가치 있게 여기는지 알게 되고, 지금까지 살아온 날들에 긍정하고 감사하는 마음이 들 것입니다.

또 이런 분도 계십니다. 이분은 고령의 여성인데, 10년 정도 전부터 정리를 시작했다고 해요. 자신이 입었던 전통 옷을 쿠션 커버 등으로 리폼해서 정성 가득히 적은 손편지와 함께 주변 사람들에게 선물을 한다고 했습니다. 저희 절에도 이분이 주신 물건이 있습니다. 그렇게 하니 비싼 옷을 그냥 버리지 않아 좋고, 선물을 받은 분들도 유용하게 쓸 수 있어서 좋다고 합니다. 이분은 또 정원 가꾸기도 좋아하는데, 요즘은 정원 일이 힘들어졌다고 구근 같은 것도 자주 갖고 오십니다.

가지고 있는 것을 정리해 가는 과정이 조금은 쓸쓸해 보일지 모르지만 이분을 보고 있으면 다른 사람과의 연결이 오히려 늘어나는 것 같습니다. 적극적인 정리가 오히려 사람을 건강하게 만드는 효과가 있지 않을까 하는 생각도 듭니다. 즐겁게 정리를 하고 있는 이분은 몇 년 뒤면 100세가 될 텐데, 여전히 건강하십니다.

죽음은 누구에게나 반드시 옵니다. 그러니 어느 정도 건강할 때 준비를 시작하는 것이 좋지 않을까요. 일을 그만두니 시간이 너무 많아서 무엇을 해야 할지 모르겠다, 그냥 기운도 없고 의욕도 없다는 분들, 지금이야말로 굿 타이밍입니다. 지금까지 돈을 버는 데 썼던 시간을 이제는 반드시 오고야 마는 죽음을 내가 최고로 만족하고 안심한 마음으로 맞을 수 있도록 써 보십시오. 시간을 보내는 무척이나 건설적인 방법이라고 생각합니다.

어쨌든 일단 정리를 시작하면 시간도 걸리고 수고도 들어가게 됩니다. 머리도 많이 써야 할 테고요. 스스로 하는 인생의 '마지막 준비'가 노화 방지에 가장 좋은 방법이 아닐까 싶기도 합니다. 이때 필요한 것은 오직 긍정적인 마음입니다.

인생은 언제라도,
지금부터

遊戲三昧 유희삼매

놀이에 몰두하는 것

이해득실에 상관없이 어떤 것에 푹 빠져서 그 자체가 되면
새로운 즐거움과 자유를 만날 수 있다.

남은 인생 같은 건 없다

'100세 인생'이라는 말은 영국의 학자인 린다 그래튼과 앤드류 스콧이 함께 쓴《100세 인생 : 100세 인생, 전혀 다른 시대를 준비하는 새로운 인생 설계 전략》이라는 책을 계기로 널리 쓰이게 되었습니다.

이 책에서는 2007년에 태어난 일본 아이들은 107세까지 살 가능성이 50%라는 연구가 소개됩니다. 실제로 저희 절에 시주해 주는 90세 어르신도 지금까지 회사에 다니십니다. 회사에서 은퇴를 했는데도, 그분의 기술력을 높이 평가해 끈질기게 다시 입사를 요청했다 하더라고요.

"이제 일 좀 그만하고 싶어요"라면서도 얼마 전에는 나가노까지 출장을 다녀왔다고 했습니다. 허리도 곧고 청력도 좋고, 물론 정신도 똑바릅니다. 이분을 뵐 때마다 대단하시다는 감탄이 절로 나옵니다.

90세 어르신의 이런 모습을 보면 저도 조금 더 힘을 내자, 다시 한번 힘을 내자며 에너지를 얻습니다. 100세 인생 시대이니, 지금 70세인 분은 아직 30년이나 있습니다.

30년은 무척이나 긴 시간입니다. 우리가 응애 하고 태어나서 30살이 될 때까지와 같은 긴 시간입니다. 그 30년 동안 우리는 얼마나 많은 경험을 했던가요. 그러니 인생 얼마 안 남았다며, 남은 인생이 어쩌고 하는 말을 해서는 안 됩니다. 남은 인생 같은 것은 없습니다. 지력과 체력을 어떻게 유지할지 생각하고 실천하십시오.

젊을 때의 10년, 20년은 100명이 있으면 100명 모두 별반 달라 보이지 않습니다. 하지만 60세, 70세 무렵부터의 10년, 20년은 자신이 하고 싶었던 하는 일을 찾고 실행하는 사람과 그렇지 않은 사람이 엄청나게 달라집니다.

마지막으로 한 분 더 소개해 보겠습니다. 이분은 젊었을 때부터 흙에 뭘 심고 가꾸기를 좋아했는데, 은퇴를 하고 나서는 아예 밭을 빌렸습니다. 늘 그렇게 해 보고 싶었대요. 처음에는 취미 삼아 한다며 3~4평 되는 작은 밭에 익숙한 채소들을 옹기종기 심었는데, 농사에 푹 빠지면서 농사를 짓는 다른 사람들에게 조언을 구해 밭

규모를 키웠습니다. 그러다 보니 수확량이 너무 많아진 거예요. 그래서 이웃들과 나누어 먹다가, 또 인연이 닿아서 근처 채소 가게에서 '생산자 아무개' 라는 이름을 달고 상품으로 판매까지 하게 되었대요. '어라?' 하는 사이에 의도치 않게 전업 농부가 된다는 거예요. 그러면서 "지금이 제 인생에서 가장 즐겁습니다."라고 껄껄 웃으며 말씀하셨습니다.

이분의 이야기를 듣고 있자니 '얼마 남지 않은 인생'이 아니라 농사일에 푹 빠져 있는 지금이 그분의 '진짜 인생' 아닐까 하는 생각이 들었습니다. 여러분에게도 진짜 인생을 살 기회가 있습니다.

진짜를 알아차린다

本來面目

본래면목

타고난 그대로의 모습이다

인간에게 선악과 시비 등의 이원적 의식이 생겨나기 전, 근본적이고 순수한 자기의 모습은 맑고 존귀하다.

'척'에 속지 않는다

마지막으로 여러분에게 부탁드리고 싶은 말씀은, 가짜인지 진짜인지를 '알아차리는' 체험을 하나씩 쌓아 달라는 것입니다.

'선'에는 '불립문자不立文字 교외별전教外別伝 직지인심直指人心 견성성불見性成仏'이라는 말이 있습니다. 깨달음의 경지는 문자나 말로 결코 전달할 수 있는 게 아니라는 선종의 근본 자세를 뜻합니다.

선종 이전의 불교에서는 석가모니 부처님의 가르침을 다양한 형태로 분석하고, 경전에 적혀 있는 문구를 연구한 사람들이 중심이 되어 불교의 가르침을 전했습니다.

그러나 '선'에서는, 진짜 불법佛法은 문자와 경전이 아니라 스승에서 제자로, 마음에서 마음으로 전해지는 것이라 보기에 체험을 중시합니다. 다시 말하면, 경전과 지식에만 의지해서는 안 된다는 것이 '선'의 자세입니다. 그런데 생각해 보면 이 책에서 제가 여러 분께 드리는 말씀도 다 문자로 되어 있습니다. 따라서 이 책을 읽는다 해도 아무것도 하지 않는다면 아무 일도 일어나지 않습니다.

아는 '척', 알아차린 '척'이 무서운 이유는 '행동하는 힘'을 빼앗아 가기 때문입니다. 자신의 몸을 써서 체감하고 납득해야 비로소 착각이 아닌, 진짜 '알아차림'이 찾아옵니다.

교토에 료안지龍安寺라는 사찰이 있습니다. 이곳의 돌정원은 세계적으로 유명해서, 일본인만이 아니라 교토를 방문하는 많은 외국인 관광객들에게도 인기가 있습니다. 소박한 유토병油土塀[20]에 둘러싸인, 겨우 가로 23미터 세로 9미터 정도의 돌정원은 바닥에 흰 자갈이 깔려 있고 크기가 다양한 돌 15개만 배치되어 있는 무척 간소한 모습입니다. 하지만 여백에서 느껴지는 긴장감과 에너지는 이루 헤아릴 수 없습니다.

외국에 나가 강연할 때 "료안지의 돌정원이 왜 그렇게 찬사를 받는지 잘 모르겠어요. 이유가 뭘까요?" 하는 질문을 종종 받습니다. 그럴 때마다 저는 그분께 실제로 그곳을 방문한 적이 있는가

---

20 유채씨 기름을 섞어 반죽한 흙으로 만든 흙담이다.

를 확인하고, 그렇다고 대답하는 분이라면 "돌정원을 바라봤을 때 혹시 노래를 부르고 싶다거나 춤을 추고 싶은 기분이 들던가요?" 라고 물어봅니다. 그러면 대답은 한결같이 "아니요"입니다.

제가 다시 "돌정원을 앞에 두고 당신은 뭘 했나요?"라고 질문하면, 거의 전부가 잠시 넓은 툇마루에 앉아서 그저 바라보고만 있었다면서 "이유는 모르겠지만 그때 기분이 무척 좋았다"고 말합니다. 그렇습니다. 지식이나 이론이 아니라 몸으로 아는 것입니다. 그것으로 충분하다고 생각합니다.

삼라만상 중에서 우리 인간이 알아차릴 수 있는 것은 진짜로 얼마 안 될지 모릅니다. 하지만 무수한 '알아차린 척'보다 한 줌밖에 안 될지라도 근본적이고 순수한 알아차림, 즉 '진정한 알아차림' 쪽이 훨씬 충만하고 풍요로운 인생을 가져다준다고 저는 굳게 믿고 있습니다.

맑은 거울 같은 아름다운 마음을 찾아서

며칠 전 저는 몇 년 만에 외국 출장을 다녀왔습니다. 2020년에 시작된 팬데믹의 영향으로 그동안 외국에서 의뢰받은 정원 디자인 일도 온라인으로만 진행해야 했습니다. 다시 외국에 나갈 수 있게 상황이 호전된 것에 안도하면서도 동시에 세계 각지에서 계속되고 있는 비참한 전쟁에 가슴이 아픕니다.

저는 선승이면서 동시에 정원 디자이너라는 일을 하고 있습니다. 그렇게 된 계기는 어렸을 때 아버지 손을 잡고 방문했던 교토 료안지의 돌정원에 있습니다.

그 당시, 현재 제가 주지로 있는 겐코지建功寺의 정원은 황폐했습니다. 아직 어린이였던 저는 이때다 싶어 아버지의 눈을 피해 정원을 신나게 뛰어다니곤 했습니다. 그래서 저에게 사찰의 정원이란 정리되지 않고, 마음대로 뛰어 놀아도 되는 황무지 같은 곳이었습니다. 그러다 보니 료안지의 돌정원을 처음 봤을 때, 그 긴장감과 아름다움에 그야말로 어마어마한 충격을 받았습니다.

같은 선종의 사찰인데도 우리 사찰의 정원과 이 사찰의 정원은 왜 다를까, 무엇이 다를까. 저는 곰곰이 생각했습니다. 그러고는 '선의 정원'이라는 '마법'에 깊이 몰두했고 정신을 차리고 보니 수십 년이나 되는 세월이 흘렀습니다.

료안지의 돌정원이 품고 있는 아름다움의 비밀은 여백에 있습니다. 글자 그대로 해석하면 여백이란 비어 있는 부분이라는 뜻인데, 실상은 그렇게 단순하지 않습니다. 여백은 단순한 공간이 아니라 오히려 적극적으로 만들어지고 완성된 공백의 공간입니다.

'선의 정원'은 대부분 돌과 흰 모래로 구성됩니다. 돌에서 느껴지는 기운을 '기세氣勢' 혹은 '석심石心'이라고도 하는데, 돌을 자리에 앉힐 때에는 각각의 돌이 갖고 있는 저마다의 기세에 세심하게 주의를 기울입니다. 돌마다 크기와 모습이 다 다르고, 돌과 돌 사이에는 눈에는 보이지 않는 힘의 관계가 존재하기에 돌의 위치, 돌과 돌 사이의 간격 등에 따라 정원 자체의 표정이 확연히 달라집니다.

또한 불필요한 요소들을 더 이상 덜어낼 수 없는 경지까지 이르러야 비로소 '선의 정원'에는 필연성만 남게 되고 사물의 본질이 도드라져 나타납니다.

이런 원리는 비단 정원 디자인에만 적용되지 않습니다. 여러분의 나날도 마찬가지라고 저는 생각합니다. 내 주변에 넘치도록 많은 물질과 정보, 나아가서는 지위, 역할 등 이런저런 것들이 자신들의 기세를 발산하는 바람에 여러분의 '마음속 정원'이 꽉 차 있지는 않습니까? 원래 여러분의 내면에는 구름조차 하나 없는 맑은 거울 같은 아름다운 마음이 존재하고 있습니다. 그 마음에 작더라도 여백이 있는, 충만한 분위기의 정원을 만들어 주기를 바라며 이 책을 엮었습니다.

이 책에는 많은 선어禪語도 소개되고 있습니다. 선어란 선종에서 전해지는 독특한 말을 일컫습니다. 수행에 엄격하게 매진했던 선승들이 '본래의 자기'에 눈을 뜨고 자유로운 경지에 이른 뒤에 제자들에게 준 가르침이 계속 제자들에게 이어진 것으로, 선어에는 각각의 깊은 의미와 감흥이 깃들어 있습니다. 특히 그날 마음의 상태나 자신이 처한 상황에 따라 같은 선어일지라도 나에게 다가오는 의미가 달라지고 인상이 바뀌는 것은 참으로 신비롭습니다. 이 책에서 소개한 선어 중에 하나라도 여러분의 마음에 힘이 되면 정말로 기쁘겠습니다.

지금은 인생 100세 시대입니다. '늙는다'는 사실에 매여 걱정하고 두려워만 하면서 살아가기에는 너무나도 긴 시간입니다. 차를 마실 때는 차를 마시는 것 그 자체가 되고 밥을 먹을 때에는 밥을 먹는 것 그 자체가 되어야 한다는 가르침을 담은 '끽차끽반喫茶喫飯'이라는 선어가 있습니다.

'그 자체가 된다'는 것은, 말하자면 자기 자신이 시간의 주인공이 되는 것입니다. 일을 할 때는 일에, 놀 때는 노는 것에 몰두하라는 뜻입니다. 매일, 지금 내가 하는 이 일에 몰두하면 자신의 중심이 다시 세워지고 마음이 자유로워집니다. 이를 기억하고 있으면 앞으로의 인생 후반기를 살아갈 때 의지가 될 것입니다.

시인으로 알려진 료칸良寬이 사실 조동종의 선승이었던 것은 거의 알려져 있지 않습니다. 수행 후 여러 지역을 돌아다니다가 말년에 고향인 니가타현 이즈모자키로 돌아온 료칸은 자연을 벗 삼아 청빈하게 살았습니다.

마지막으로, 많은 사람에게 회자되었던 이분의 선어 시조를 소개하며 마치겠습니다.

햇살 길어진 봄날을 아이들과 공놀이를 하며 오늘도 잘 살았다.

두 손 모아 합장

마스노 슌묘